Diogenes Taschenbuch 23496

de
te
be

Denken mit Voltaire

Eine Auswahl aus dem Gesamtwerk

Herausgegeben von Wolfgang Kraus

Diogenes

Auswahl und Übersetzung
von Candida Kraus
Diese Auswahl erschien erstmals 1956
unter dem Titel ›Gedanken regieren die Welt‹
im Georg Prachner Verlag,
Wien und Stuttgart;
sie wurde von Wolfgang Kraus
für die 1987 als Diogenes Taschenbuch
erschienene Ausgabe überarbeitet
Umschlagillustration: Anonymes Portrait
von Voltaire, ca. 1735 (Ausschnitt)

Veröffentlicht als Diogenes Taschenbuch, 2005

Diogenes Verlag AG Zürich
www.diogenes.ch
40/05/36/1
ISBN 3 257 23496 1

So wollen wir denn mit aufrichtigem Herzen untersuchen, was uns die Vernunft im Einverständnis mit dem Interesse des menschlichen Geschlechts zu glauben und zu tun befiehlt.

Voltaire

VORWORT

Voltaire ist der Beginn einer Epoche. Durch ihn wurden Geist und Wort zu einer Macht, die Staatsmänner und Könige zu fürchten hatten. Seine Schriften waren einst das Tagesgespräch in Europa, und wenn man heute von Toleranz und Meinungsfreiheit redet, so war es Voltaire, der diesen Gedanken in der Öffentlichkeit Gehör verschafft hat. Kant und Lessing wuchsen in einer Umwelt heran, die unter dem Einfluß seines Wirkens stand, und Goethe, in dessen Menschlichkeitsideal viel vom Erbe Voltaires enthalten ist, schrieb: „Voltaire wird immer betrachtet werden als der größte Name der Literatur der neueren Zeit und vielleicht aller Jahrhunderte; wie die erstaunenswerteste Schöpfung der Natur." Voltaire hat seine Gedanken nie zu einem geordneten philosophischen System vereinigt, er verfaßte unzählige Romane, Traktate, Dramen, aktuelle Flugschriften, Versepen, führte eine gigantische Korrespondenz mit Königen, Adeligen und nahezu allen bedeutenden Persönlichkeiten seiner Zeit. Er verwendete sämtliche Möglichkeiten des geschriebenen Wortes, die Kunst und die theoretische Darstellung, die Satire, ja das Pamphlet, er nützte die Gunst und aktuelle Notwendigkeit des Augenblicks – mit einem Weitblick, einer Originalität und Kraft, daß sein Werk unsterblich wurde. Friedrich der Große, der nach der gemeinsamen Zeit in Sanssouci auch die Schwächen Voltaires sehr genau kannte, meinte: „Ich zweifle daran, daß es einen Voltaire gibt, und ich bin im Besitze eines Systems, mit dessen Hilfe ich seine Existenz zu bestreiten vermag. Es ist unmöglich, daß ein einzelner Mensch die ungeheure Arbeit vollbringen kann, die Herrn von Voltaire zugeschrieben wird. Offenbar gibt es eine Akademie, aus der Elite der Erde zusammengesetzt: Philosophen, Dichter, Corneilles, Catulls, Thukydidesse, und die Arbeiten dieser Akademie werden unter dem Namen Voltaire herausgegeben, wie man die Taten eines Heeres auf den Feldherrn zurückführt." Und in einem Brief Friedrichs an ihn heißt es: „Ich halte Sie für das größte Genie, das die Welt hervorgebracht hat. Kurz, Sie wären vollkommen – wären Sie nicht ein Mensch."

Als Voltaire, oder genauer, François Marie Arouet, am 21. November 1694 in Paris als Sohn eines wohlhabenden Notars geboren wurde, residierte Ludwig XIV. in Versailles, und das glänzende Hofleben des Sonnenkönigs gab ein Schauspiel für ganz Europa. Die Schatten bildete allerdings die Zensur des absoluten Königs, die jede auch nur einen Schein von Kritik enthaltende Schrift rücksichtslos verbot. Als der einundzwanzigjährige Arouet aus Caën und Den Haag, wohin ihn der Vater auf Reisen geschickt hatte, wieder nach Paris zurückkehrte, war Ludwig XIV. zwar bereits gestorben, doch der Herzog von Orléans, der die Geschäfte der Krone bis zur Mündigkeit des Nachfolgers leitete, handhabte die Vorsichtsmaßregeln noch um vieles strenger. Voltaire, der seinen Witz nicht zügeln konnte, sah sich eines Tages verhaftet und schließlich im Inneren der Bastille. Elf Monate brachte er hinter den Mauern zu, und in dieser Zeit entwickelte er sich zum Dichter. Zwischen den Zeilen eines ihm zugelassenen Buches schrieb er sein Versepos „Henriade", das er mit dem Schriftstellernamen Voltaire versah. Nach seiner Freilassung machte ihn dieses Werk über Nacht berühmt.

Seine Tragödie „Ödipus" war mit fünfundvierzig Abenden nacheinander ein Sensationserfolg, wie es ihn noch nicht gegeben hatte. Voltaire wurde zum gefeierten Gast aller Salons, bis er sich schließlich durch eine sarkastische Bemerkung mit dem Chevalier de Rohan überwarf. Auf eine Duellforderung des durch den Wortwechsel aufgebrachten Voltaire antwortete der Chevalier mit der Polizei. Die Flucht nach England war das einzige Mittel, sich einem zweiten Aufenthalt in der Bastille zu entziehen. Die drei in London verbrachten Jahre wurden für Voltaire von größter Bedeutung. Er lernte die Werke von Francis Bacon, Isaak Newton, John Locke, Thomas Hobbes kennen und fand innerhalb der politischen Verhältnisse Englands einen weitaus freieren Geist als im heimatlichen Frankreich. Nach Paris zurückgekehrt, veröffentlichte ein Verleger ohne sein Wissen die gegen den französischen Hof sehr kritischen „Briefe über die Engländer", und Voltaire mußte wiederum die Stadt verlassen. Nachdem die ärgste Gefahr vorüber war, ließ er sich auf Schloß Cirey nieder und machte es bald zum Treffpunkt der interessantesten Persönlichkeiten Frankreichs. Er schrieb seine Romane „Zadig", „Micromegas", „L'Ingénu" und unzählige kleinere Werke. Damals trafen auch von Friedrich aus Potsdam Einladungen ein, die wie Briefe eines Untertanen an den Monarchen gehalten sind, so gewaltig waren Ansehen und Einfluß Voltaires geworden. Er nahm die finanziell großzügig ausgestattete Aufforderung an und traf 1750 in Berlin ein.

Voltaire berichtete begeistert über die Geselligkeit, den Geist und die Freiheit, die am Hofe Friedrichs herrschten, er bezeichnete die Abende als Gastmähler Platons, und die Gespräche zwischen dem König, ihm und den auserlesenen geladenen Gästen sollen unvergleichlich gewesen sein. Da ließ Voltaire eine Satire über den Mathematiker Maupertius, einen Freund des Königs, entgegen Friedrichs ausdrückliches Ersuchen drucken. Voltaire floh vor dem Zorn seines Gastgebers, aber nicht, ohne dessen höchst kompromittierendes Manuskript „Palladium" mitgenommen zu ha-

ben. Die Grenadiere jagten dem schlauen Philosophen nach und konnten ihm gerade noch knapp vor der Grenze das heikle königliche Erzeugnis abnehmen. Da er wegen seiner „Geschichte von Karl dem Großen bis Ludwig XIII." nun auch aus Frankreich verbannt war, zog er sich nach dem an der französischen Grenze, in der Schweiz liegenden Ferney zurück. Nach zeitgenössischen Berichten wurde aus dem kleinen Ort binnen kurzem „die geistige Hauptstadt der Welt". Dichter, Philosophen, Staatsmänner trafen aus allen Teilen der Erde ein, und was nicht selbst kam, schrieb an ihn. „Gott schütze mich vor meinen Freunden!" rief er, „meine Feinde werde ich schon selbst versorgen."
In Ferney entstanden unter anderem „Candide", das „Philosophische Wörterbuch" und „Scaramentados Reisegeschichte". Vor allem aber führte er von hier aus den Kampf um zwei aus Glaubensgründen gefolterte Franzosen. Den einen von ihnen, La Barre, hatte man zusammen mit Voltaires „Philosophischem Wörterbuch" in die Flammen geworfen. Voltaire verfaßte die „Abhandlung über Toleranz" und ließ eine Flut von Flugschriften, Kritiken, Spottversen, Erzählungen und Essays folgen, von denen einige die bis dahin noch nie dagewesene Auflage von 300000 Exemplaren erreichten. Voltaire war damals dreiundachtzig, und Lamartine sagte ein halbes Jahrhundert später: „Voltaire hatte Zeit, um die Zeit zu bekämpfen. Und am Ende war er Sieger."

Als Greis fuhr er noch einmal in sein geliebtes Paris. Er hielt in der Académie eine meisterhafte Rede, und als er nach Hause fuhr, „hängte sich die tobende Menge an seinen Wagen und zerriß seinen kostbaren Pelzmantel, ein Geschenk Katharinas von Rußland, um Andenken an diese Stunde mitzunehmen.“ Am 30. Mai 1778 war sein Leben zu Ende. Die Worte, die er als letzte testamentarische Erklärung angesehen haben wollte, lauten: „Ich sterbe in der Anbetung Gottes, meine Freunde liebend, ohne Haß gegen meine Feinde und in Verachtung des Aberglaubens.“

W.K.

GEDANKEN
REGIEREN DIE WELT

EIN SELBSTBILDNIS

Ich rede hier nach menschlichem Glauben und hüte mich, dem göttlichen zu nahe zu treten.

In meinen Handlungen frage ich Natur, Vernunft und Gewissen.

Ich will die Fabeln verachten und die Wahrheit anbeten. Ich will nicht mit Orpheus sagen, daß die Schatten der tugendhaften Menschen in den Elysäischen Feldern lustwandeln, will nicht mit den Pharisäern eine Wanderung, noch weniger mit den Saduzäern einer Vernichtung der Seele annehmen, sondern eine ewige Vorsehung anerkennen, ohne verwegen raten zu wollen, welches die Mittel und die Wirkungen ihrer Barmherzigkeit, ihrer Gerechtigkeit sein werden. Ich will die Vernunft, die mir Gott gegeben, nicht mißbrauchen, will glauben, es gäbe Laster und Tugend, wie es Gesundheit und Krankheit gibt. Und da eine unsichtbare Macht, deren Einfluß ich unentwegt fühle, mich zu einem denkenden und wirkenden Wesen gemacht hat, so werde ich endlich hieraus schließen, daß meine Gedanken und Handlungen der Macht würdig sein müssen, die mich entstehen ließ.

Ich habe immer den ewigen Frieden erhofft.

Ich führe stets, so weit ich es kann, meine Metaphysik auf die Moral zurück.

Nachdem ich um meine Seele herumgetappt bin, in der Absicht, zu erraten, welcher Art sie sei, ist es nun mein Ziel, daß ich sie wenigstens zu regulieren suche; sie ist die Feder unserer Lebensuhr. Ich kenne noch immer nicht die Ursache der Elektrizität. Ich ziehe aber mein Pendelwerk auf, es läuft so gut wie eben möglich.

Mein lieber Philosoph, Sie und ich können in Pausen zwischen unseren Leiden uns in Vers und Prosa unterhalten. Aber im Augenblick erlauben Sie mir, alle philosophischen Auseinandersetzungen, die doch nur Amusement sind, zu unterlassen. Ihr Brief ist wirklich schön ...

Ich nenne Freiheit, an eine Sache zu denken oder nicht daran zu denken, mich zu bewegen oder mich nicht zu bewegen, so wie es mir gefällt.

Kurz, ich bin überzeugt, man könne in unserem Jahrhundert keinen stärkeren Beweis von der Wahrheit unserer Religion geben, als durch ein Beispiel von Tugend. Menschenliebe ist besser als streiten. Eine gute Handlung überwiegt alle Einsicht in Dogmen.

Leben wir so lange und so glücklich wie wir können. Wir werden wohl nie so glücklich sein wie die Dummköpfe, aber versuchen wir es wenigstens auf unsere Art.

Grämlichkeit halte ich für eine Krankheit. Tausendmal lieber möchte ich matt und vom Fieber geplagt sein als trübseligen Gedanken nachhängen. Tugend, Wissenschaft und Frohsinn sind für mich drei Schwestern, die man nicht trennen darf.

Der Mann, der von einem Kirchturm herunterfällt, sich in der Luft ganz munter fühlt und sich sagt: „Schön, wenn es nur so weitergeht", der Mann bin ich.

Vergnügen Sie sich! Alles ist gut besorgt, wenn man das Ende des Tages einfängt, dann ißt und schläft. Das Übrige ist eitle Selbstgefälligkeit.

Ich freue mich des Lebens, es ist zu nichts an=derem gut. Jedes Kind, alt oder jung, braucht seine Seifenblasen ...

Eine hübsche Geschichte macht mir mehr Ver=gnügen als ein Theorem, das wahr sein kann ohne schön zu sein.

Müßte ich als Weltmann leben, ich wäre nach we=nigen Tagen gestorben. In allem Lärm bin ich still für mich wie ein Einsiedler in der Menschen=menge ...

Mein Handwerk ist, das zu sagen, was ich denke.

Heute bejahe ich eine Idee, morgen zweifle ich daran, übermorgen verneine ich sie – jeden Tag kann ich mich täuschen.

Ich habe zu Gott immer nur gebetet: „Lieber Gott, mache meine Feinde recht lächerlich!“ Und Gott hat mich erhört.

Sie sehen, man muß ein ganzes Leben lang kämp=fen ... Jeder Mensch, der in der Öffentlichkeit steht, wird den wilden Tieren ausgeliefert. Manch=

mal muß man die reißenden Bestien freilich ver=nichten ...

Je mehr ich an Jahren gewinne, umso nötiger er=scheint mir die Arbeit. Mit der Zeit wird sie zum größten Vergnügen und nimmt den Platz der Illu=sionen ein.

Ich habe alle Unannehmlichkeiten des Alters am eigenen Leibe erfahren und doch gestehe ich: ich habe das Leben erst erträglich gefunden, seit ich in Zurückgezogenheit altere.

Ertragen wir das Leben, das keine große Ange=legenheit ist. Fürchten wir den Tod nicht, er ist noch viel weniger.

Ich meine, in den Urteilen der Menschen spricht nur zu oft Täuschung, Mode und Laune mit. Ich aber habe der Natur gemäß gesprochen. Es ist möglich, daß bei mir die Natur recht unvollkom=men ist, es kann aber auch sein, daß die meisten Menschen die Natur allzuwenig befragen.

Der Mut, die Ergebung in die Naturgesetze, die tiefe Mißachtung für jeden Aberglauben, das vor=

nehme Vergnügen, sich für ein anderes Wesen als alle diese Dummen zu halten, die Übung im Denken – das sind die wirklichen Tröstungen.

Niemals habe ich mich von der verwünschten Angewohnheit trennen können, bei allen Dingen mit dabei zu sein, obwohl ich überzeugt bin, daß man bei hundert Gelegenheiten zu verlieren und zu schweigen verstehen muß ...

Das bißchen, was ich Gutes getan habe, ist meine beste Leistung ... Werde ich angegriffen, kämpfe ich wie ein Teufel, niemandem ergebe ich mich, im Grunde aber bin ich ein guter Teufel und schließe mit Lachen.

Ich schreibe als Mensch, nicht als Untertan. Pelisson würde gewandter geschrieben haben als ich. Allein er war ein Hofmann und wurde bezahlt. Ich bin weder das eine noch das andere. Mir kommt es also zu, die Wahrheit zu sagen.

Trotz allen meinen Leiden koste ich jetzt die höchste aller Freuden: ich sehe die Früchte der Aufklärung reifen.

LICHT DER AUFKLÄRUNG

Nichts ist, wie man sagt, angeboren, sondern geboren heißt entwickeln.

Der Verstand ist das Schicksal, das uns leitet.

Die Tugend ist nicht Glück, sie ist keine Gabe, sie ist eine Aufgabe ...

Nichts Besseres könnte den Menschen geschehen, als von Philosophen beherrscht zu werden.

Was ist auf Erden das Beste? Toleranz.

Wenn einmal der Fanatismus ein Gehirn angefallen hat, ist diese Krankheit fast immer unheilbar. Es gibt kein anderes Mittel gegen diese Epidemie als den philosophischen Geist, der, von Ort zu Ort verbreitet, endlich die Sitten des Menschen zähmt und so der Anfälligkeit für das Übel zuvorkommt.
Hat dieses Übel aber einmal Fortschritte gemacht, muß man fliehen und warten, bis die Luft wieder

rein ist ... Gesetze und Religion allein genügen nicht im Kampf gegen diese Seelenpest ... Diese Elenden schöpfen ja ihre Wut aus der Religion, die sie verdammt, und die Gesetze sind in solchen Anfällen auch machtlos. Diese Leute sind überzeugt, daß der heilige Geist, der sie durchdringt, höher stehe als alle Gesetze, und daß ihre Begeisterung das einzige Gesetz sei, auf das sie hören dürfen.

Es gibt Fanatiker von kaltem Blut: die Richter, die jene zum Tod verurteilen, die kein anderes Verbrechen begangen haben, als nicht so zu denken wie sie. Und diese Richter sind um so mehr schuldig, um so mehr des Fluches der menschlichen Gesellschaft wert, als sie nicht in einem Anfall von Wut sprachen, sondern die Vernunft hätten hören können.

Du Gott unzählbarer Welten! Gott der Gerechtigkeit und des Friedens! Gib, daß wir durch Toleranz die Verbrechen wieder aussöhnen, zu denen wir durch verfluchenswerte Intoleranz verleitet wurden.

Die einzige Waffe gegen den Fanatismus ist die Vernunft. Das einzige Mittel, die Menschen zu verhindern, sich töricht und verbrecherisch zu benehmen, ist, sie aufzuklären.

Gott, bewahre mir diesen Geist der Toleranz, diese so ehrwürdige Tugend, die den Seelen ist, was den Körpern die Erlaubnis zu essen. Das natürliche Gesetz erlaubt einem jeden zu glauben, was er will, sowie sich zu nähren, womit er will. Ein Arzt hat nicht das Recht, seine Kranken zu töten, weil sie die Diät nicht beachtet haben, die er ihnen vorgeschrieben. Ein Fürst hat nicht das Recht, diejenigen von seinen Untertanen hängen zu lassen, die nicht so denken wie er. Allein er ist berechtigt, Empörungen unter ihnen zu verhindern. Und wenn er weise ist, wird es ihm leicht fallen, allen Aberglauben mit der Wurzel auszurotten.

Was Begeisterung beginnt, vollendet Schurkerei.

Nur diejenigen waren wahrhaft gute Könige, die damit begonnen haben, sich zu unterrichten, die Menschen kennen zu lernen, die Wahrheit zu lieben und die Verfolgung und den Aberglauben zu verabscheuen. Warum trachten so wenige Könige nach diesem Vorzug? ... Weil fast alle mehr an das Königtum als an das Menschentum denken.

Viertausend Bände Metaphysik können uns nicht lehren, was die Seele ist.

Nur in der Geometrie ist man imstande zu beweisen und zu entscheiden. Überall sonst lasset uns Molières Metaphrast folgen: es ist möglich, die Sache ist zu machen, es ist nicht unmöglich, man wird sehen. Eignen wir uns das „Vielleicht" des Rabelais an, das „Was weiß ich?" des Montaigne, das „Non liquet" der Römer, den Zweifel der Schule von Athen.

Es gibt keine unbestrittene Wahrheit.

Aristoteles hatte ganz recht, wenn er sagte, Zweifel sei der Weisheit Anfang.

Das Universum für ein finsteres Gefängnis und alle Menschen für Verbrecher zu halten, wie man uns oft weismachen will, kann nur die Idee eines Fanatikers sein. Anzunehmen, daß die Welt eine Heimstatt der Genüsse ist, wo man nur dem Vergnügen lebt, das wäre der Traum eines Schwelgers. Aber zu denken, daß die Welt, die Menschen und die Tiere das sind, was sie in der Ordnung der Vorsehung sein müssen, ist, glaube ich, eines Weisen einzig würdig.

Von einer einzigen, grundlegenden Begebenheit alles Weitere abzuleiten, wäre eine schöne Auf=

gabe, allein sie zu lösen, gebührt nur dem Herrn der Welt.

Man versichert uns immer wieder, daß die menschliche Natur ihrem Wesen nach verderbt sei, daß der Mensch als Kind des Teufels geboren und darum schlecht wäre. Nichts ist törichter als diese Behauptung. Denn du, mein Freund, der du mir predigst, daß alle Menschen böse geboren sind, du warnst mich doch damit, dir zu vertrauen und rätst mir, dich wie einen Fuchs oder ein Krokodil zu fürchten. „Halt", wirst du sagen, „ich habe mich doch gebessert, mich sittlich gereinigt, ich bin weder ein Ketzer noch ein Betrüger, mir kann man Vertrauen schenken." – Aber der Rest der Menschheit, der, wie du es nennst, ketzerisch und treulos ist, scheint also nichts anderes als eine Gesellschaft von Ungeheuern zu sein.
Es wäre doch vernünftiger, den Menschen zu sagen: Ihr seid gut geboren. Seht doch, wie unrecht es wäre, euer reines Wesen zu besudeln!
Wenn ein Domherr ein anstößiges Leben führt, sagt man ihm: „Ist es denn möglich, daß du die Heiligkeit eines Domherrn entehrst?" Und man muß einen Gerichtsbeamten daran erinnern, daß er Ratgeber des Königs sei und die Pflicht habe, ein

gutes Beispiel zu geben. Man sagt zu einem Soldaten, um ihn zu ermutigen: „Denke daran, daß du vom Regiment der Champagne bist." So müßte man auch jedem Individuum sagen: Erinnere dich deiner menschlichen Würde!

Und was will jenes Wort, bei allen Nationen so oft gebraucht, diese Mahnung: „Kehre zurück zu dir!" anderes sagen? Wäret ihr als Kinder des Teufels geboren, wäre euer Blut eine höllische Flüssigkeit, würde diese Mahnung nur heißen: „Folgt eurer teuflischen Natur, seid Betrüger, Diebe, Mörder, das ist das Gesetz eures Vaters." Der Mensch ist nicht böse geboren, er wird es, wie man krank wird. Es ist wohl möglich, daß die Ärzte, was immer sie unternehmen, den Kranken nicht heilen können und versichern: das Übel ist eben eine Veranlagung der Natur. Doch diese Klügler sind selbst krank.

Versammelt alle Kinder der Erde, ihr werdet an ihnen nichts sehen als Unschuld, Sanftmut und Furcht. Wenn sie schlecht, grausam und bösartig geboren wären, hätten sie dafür irgendein Zeichen, wie die kleinen Schlangen zu beißen und die jungen Tiger zu zerfleischen trachten. Aber da die Natur dem Menschen keine anderen Angriffswaffen gegeben hat als den Tauben und Kaninchen, hat sie ihm auch keinen Trieb gegeben, der ihn zur Zerstörung drängt ...

Dieses Leben ist ein fortgesetzter Kampf, und die Philosophie ist das einzige Heilpflaster, das man auf die Wunden legen kann, die man von allen Seiten empfängt: es heilt nicht, aber es lindert; und das ist viel.

Man stellt fest, daß wir zu Zeiten wider unseren Willen fortgerissen werden, und ich antworte: also sind wir manchmal Herr unser selbst. Krankheit beweist die Existenz der Gesundheit, und die Freiheit des Menschen ist „Gesundheit seiner Seele".

Man wendet ein, daß, wenn wir frei wären, es keinen Gott gäbe; ich meine im Gegenteil, daß wir frei sind, weil es einen Gott gibt.

Würde Gott nicht existieren, so müßte man ihn erfinden.

Es gibt immer weniger Atheisten seit die Philosophen erkannt haben, daß es kein Lebewesen gibt ohne Keim, keinen Keim ohne Plan und daß Getreide nicht aus Fäulnis entsteht.

Kurzsichtige Mathematiker haben allen Endzweck verächtlich abgetan, die Philosophen haben ihn gelten lassen. Der Katechismus erklärt Gott den Kindern, Newton zeigt ihn den Weisen.

Werden die Menschen tugendhafter sein, wenn sie nicht an einen Gott, der Tugend fordert, glauben? Sicher nicht! Ich will, daß die Fürsten und ihre Untertanen einen solchen Gott annehmen, und sogar einen belohnenden und strafenden Gott, ohne diese Zügel würde ich sie als Raubtiere betrachten, die mich freilich nicht fressen werden, wenn sie gerade von einem reichen Mahl kommen und es auf dem Diwan zu seiten ihrer Geliebten sanft verdauen, wohl aber, wenn sie Hunger haben, und es ihnen nicht einmal als schlecht erscheint ...

Mit einem Wort: Atheisten, die Gewalt in ihren Händen hätten, wären für das menschliche Geschlecht ebenso verderblich wie Abergläubige. Zwischen diesen beiden Ungeheuern bietet uns die Vernunft ihre Arme an.

Es ist unmöglich, daß sich eine Gesellschaft ohne Eigenliebe gründen und erhalten kann, wie es unmöglich sein würde, Kinder ohne Lust zu zeugen oder für die Nahrung zu sorgen ohne Appetit zu haben.

Gerade die Eigenliebe ist es, die uns zur Nächstenliebe hilft. Gerade durch unsere wechselseitigen Bedürfnisse sind wir dem Menschengeschlecht nützlich. Das ist die Grundlage allen Handelns, das ist das ewig dauernde Band der Menschen. Ohne Eigenliebe keine Kunst, keine Erfindungen, keine Gesellschaft. Die Eigenliebe hat jedes Tier von der Natur mitbekommen, die Eigenliebe überzeugt uns, die der Mitmenschen zu achten. Das Gesetz lenkt diese Eigenliebe, die Religion vervollkommt sie.

Wohl ist es wahr, daß Gott auch hätte Kreaturen schaffen können, die einzig auf das Gut des Nächsten bedacht sind, dann wären die Kaufleute aus Gefälligkeit nach Indien gegangen, der Maurer hätte den Stein behauen, um seinen Nächsten zu erfreuen, und ähnliches mehr. Doch Gott hat die Verhältnisse anders geordnet: klagen wir den Urtrieb nicht an, den Gott uns gibt, nützen wir ihn, wie er es uns befiehlt.

Dieser geheime Naturtrieb war die erste Grundlage und das erste notwendige Prinzip für eine jede Gesellschaft. Er kommt vielmehr aus der Güte Gottes und er ist vielmehr das Mittel für unser Glück, als daß er uns ein Rachegefühl für unser Unglück wäre.

Die Vernunft, wohl dem Glauben unterworfen, muß doch gegen den Aberglauben kämpfen.

Ich glaube nicht einmal Augenzeugen, wenn sie mir berichten, was dem gesunden Menschenverstand widerspricht.

Das Schlimmste war, daß die Völker, da sie sahen, daß die Obrigkeit und die Kirche an die Magie glaubten, nur noch unüberwindlicher von deren Wirklichkeit überzeugt wurden. Und je mehr man die Hexen verfolgte, desto mehr gab es. Woher kam ein so trauriger und doch so allmächtiger Irrtum? Von der Unwissenheit. Und dies beweist, daß diejenigen, welche die Menschen aus dem Irrtum ziehen, ihre wahren Wohltäter sind.

Alle Dogmen sind lächerlich und unheilvoll, aller Zwang zum Dogma ist verabscheuungswert. Auf Befehl zu glauben ist widersinnig.

Kann man die Mächtigen nicht vom Ehrgeiz heilen, so läßt sich doch das Volk vom Aberglauben befreien. Man kann durch Reden und Schreiben darüber die Menschen aufgeklärter und besser machen.

Dem Tyrannen ist es nicht gegeben, die Stimme der Natur zu hören.

Die Vernunft erstickt heute den Samen der Religionskriege. Philosophisches Denken hat diese Pest zum Aussterben gebracht.

Wenn die Religionen uns getrennt haben, so vereinigt uns die Menschheit wieder.

Jeder Mensch, jedes Wesen, ob Jesuit oder Brahmane, ist eine Triebfeder des ganzen Weltsystems.

Das Vorurteil ist eine Meinung ohne Urteil, sowie man überall auf der Welt den Kindern Meinungen einlernt, bevor sie urteilsfähig sind.

Man findet nicht ein einziges Beispiel, daß ein Philosoph die Gesetze des Landes verletzt hätte. Aber man findet kein einziges Jahrhundert, in dem nicht Aberglaube und Schwärmerei die entsetzlichsten Unruhen erregt hätten.

Wenn schon die Tyrannen der ganzen Welt so viel Böses getan haben wie ihnen nur möglich war, warum tut ihr, die ihr so gerne rechtschaffene Menschen darstellen wollt, nicht alles Gute, was ihr nur könnt?

Kluge Leute kennen keinen andern Adel als den des ehrlichen Mannes.

Man will eher gelehrt scheinen als lernen. Und wenn irrige Lehrer in unserer Jugend unsere Seelen einmal gebeugt haben, so bemühen wir uns nicht einmal, sie wieder aufzurichten. Daher kommt es, daß so viele überaus scharfsinnige, ja auch wohl geistreiche Menschen, oft aus lauter pöbelhaften Irrtümern bestehen.

Historische Vorurteile: Die meisten Geschichten sind ohne Prüfung geglaubt worden, und dieser Glaube ist ein Vorurteil ...
Ein Mönch schrieb, daß Chlodwig mitten in der großen Schlacht von Tolbiac im Augenblick der höchsten Gefahr geschworen hätte, Christ zu werden, wenn er mit dem Leben davonkommen sollte. Aber ist es natürlich, daß man sich in einer derartigen Situation an einen fremden Gott wendet?

Bewegt einen nicht da die Religion am stärksten, in der man geboren ist? Wo ist der Christ, der sich in einer Schlacht mit den Türken eher an Mohammed als an die Mutter Gottes wenden würde? Diejenigen, die die menschliche Natur kennen, wissen wohl, daß sich der Usurpator Chlodwig zum Christentum bekannte, um die Christen desto sicherer zu beherrschen, wie sich die türkischen Usurpatoren zu Muselmanen machten, um die Muselmanen besser beherrschen zu können.
Religiöse Vorurteile: Wenn man von seiner Amme erzählt bekommt, daß Ceres im Getreide wohnt oder Wischnu sich mehrere Male in Menschengestalt verwandelt habe, daß Odins Halle in Jütland liege oder Mohammed oder irgendwer anderer eine Reise in den Himmel gemacht habe, wenn endlich unser Erzieher in der Folgezeit in unserem Hirn das befestigt, was die Amme eingeprägt hat, behalten wir es für unser ganzes Leben. Unser Urteil will sich gegen unsere Vorurteile erheben, aber die Nachbarn nennen uns gottlos und bedrohen uns.

Es gibt allgemeine, nützliche Vorurteile, die sind die Tugend selbst. In allen Ländern lehrt man die Kinder, an einen lohnenden und strafenden Gott zu glauben, Vater und Mutter zu achten und zu lie=

ben, den Diebstahl als Verbrechen zu verachten und die absichtliche Lüge als einen Fehler zu scheuen, bevor sie noch erraten können, was Fehler oder Tugend ist.

Unsere verschiedenen Wünsche sind nicht im geringsten Widersprüche der Natur, und der Mensch ist keineswegs ein einfaches Wesen. Der Mensch ist eine Summe unzählbarer Organe: ist ein einziges dieser Organe nur etwas angegriffen, so verändert es notgedrungen alle Eindrücke des Kopfes, und neue Gedanken sowie andere Wünsche kommen auf. Es ist schon wahr, sobald uns Traurigkeit befällt, sind wir auch schon aufgebläht von Anmaßung. Und so ist es auch, wenn wir uns in der gegenteiligen Situation befinden ... Die Narren, die behaupten, daß wir zwei Seelen haben, könnten uns auch dreißig oder vierzig zuschreiben, weil der Mensch mitten in einer großen Leidenschaft oft wirklich dreißig oder vierzig Anschauungen über denselben Gegenstand hat, und er muß sie haben, da doch dieser Gegenstand ihm mit den verschiedensten Gesichtern erscheint.

Täuschen wir uns nicht in der Natur! Sie ist immer bereit, uns zu helfen. Ludwig XIV. ging auf die Jagd, als er eines seiner Kinder verlor. Und er war weise.

Aber Sie Madame, deren Seele so gesund ist wie irgend etwas auf der Welt, bedenken Sie, was Sie der Natur schulden. Ist es denn nichts, von jenen Vorurteilen geheilt zu sein, die die Mehrzahl der Menschen an die Kette legt, vor allem die Frauen? Ist es nichts, stark genug zu sein, seine Seele vor den Zugriffen der Scharlatane zu hüten und sein Wesen vor den Beleidigungen des Aberglaubens zu schützen, die alle denkenden Wesen beherrschen? Ist es nichts, in einer Unabhängigkeit zu leben, die Sie vor der Verstellung sichert, jemandem den Hof zu machen, aber freizügig Ihr Herz Ihren Freunden zu öffnen?

Ich könnte nicht zugeben, daß Sie sagen, je mehr man denke, desto unglücklicher sei man. Das trifft nur bei den Leuten zu, die falsch denken. Ich spreche jetzt nicht von denen, die schlecht von ihrem Nächsten denken, das ist manchmal recht vergnüglich. Ich spreche von jenen, die verkehrt denken. Sie sind ohne Zweifel zu beklagen, weil ihre Seele krank, und jede Krankheit ein trauriger Zustand ist.

Keine höchste Wonne und keine äußerste Qual können ein ganzes Leben lang dauern. Das höchste Glück und das letzte Übel sind Hirngespinste, Trugbilder ...

Es ist klar, daß man die Zukunft nicht wissen kann, weil man nicht wissen kann, was nicht ist, aber es ist ebenso klar, daß man von einem Ereignis auf das andere schließen kann.

Der Mensch ist, wie alles, was wir sehen, aus gut und böse gemischt, aus Vergnügen und Kummer. Er ist mit Leidenschaften versehen, um zu handeln, mit Vernunft, um seine Wirksamkeit zu lenken. Und das, was Sie Widersprüche nennen, sind die notwendigen Bestandteile des Menschen, der wie die übrige Natur ist, was er sein muß.

Je älter man wird, desto mehr muß man sich bemühen, alles aus seinem Herzen zu entfernen, was zum Zorn reizen könnte. Jeder Mensch muß etwas aufopfern, jeder Mensch müßte erkennen, daß die kleinen Ereignisse, die dieses vorübereilende Leben beunruhigen, sich in der Ewigkeit verlieren, und daß die Demut, die Liebe unseres Bruders, die Gerechtigkeit, die Wohltätigkeit jene einzigen

Werte sind, die vor dem Schöpfer der Zeit und der Menschen allein bewahrt bleiben.

Gebe Gott, daß alle Ignoranten wenigstens aufrichtig wären!

Laß in deinem Unglück von jenem Stolz ab, der dich Tugend dünkt.

Mich dünkt, es gibt so geschickte Betrügereien, daß sie jedermann verzeiht. Es gibt aber auch so plumpe, daß sie allgemein verdammt werden.

Nach meiner Ansicht kann es keinen wahrhaft großen Mann ohne aufgeklärten Verstand geben.

Zwanzig Jahre sind nötig, um den Menschen vom rein tierischen Zustand bis zu dem Punkt zu bringen, wo die Vernunft zu reifen beginnt. Wir haben dreißig Jahrhunderte gebraucht, um etwas über seinen Körper zu erfahren, man braucht die Ewigkeit, um etwas über seine Seele zu wissen. Und es braucht nur einen Augenblick, um ihn zu töten.

Die Bedürfnisse erwecken Leidenschaften, und die Leidenschaften alle Missetaten.

Es ist nicht genug, den schlechten Geschmack zu hassen. Man muß die Heuchler und Verfolger verabscheuen. Man muß sie verhaßt machen, um die Erde von ihnen zu säubern.

Fast bei allen Völkern der Welt hat man Verbrechen für heilig erklärt. Was sollen wir dabei tun? Sie verabscheuen und Gott anbeten, der sie für strafbar erklärt.

Diejenigen, die sich irgendwelcher unwichtiger Streitereien wegen Verfolgungen aussetzen, halte ich nicht für besonders klug.

Ist der Mensch einmal zu Irrtümern geboren, so laßt uns ihm nützliche wünschen!

Der Urgrund der Dinge bleibt der Erkenntnis verschlossen.

Freuen wir uns des Körpers, auch wenn wir nicht wissen, woraus er besteht!

Da die Philosophen kein Privatinteresse vertreten, können sie am ehesten zugunsten der Vernunft und des öffentlichen Interesses sprechen.

Wehe den Philosophen, die der Heiterkeit abhold sind!

Merkwürdig, das Denken hängt unbedingt vom Magen ab, trotzdem sind die besten Mägen nicht immer die besten Denker.

Man gibt uns Lehrer in allem, nur nicht im Denken.

Die Philosophie zieht ihre Schlüsse, und die Gewohnheit verfährt nach dem Herkommen!

Der Geschmack findet Vorzüge, nur die Schwärmerei verbannt.

Wenn die Menschen nicht durch gute Beispiele erweckt werden, sind sie wie die Esel, die ihren Weg langsam weitergehen, beim ersten Hindernis anhalten und, wenn sie Schwierigkeiten gewahren, lieber in Ruhe ihre Disteln verzehren. Nur auf den Ruf einer Stimme, die sie aufmuntert, nur wenn sie den Stachel fühlen, der sie weckt, werden sie zu Streithengsten, die mehr fliegen als laufen und über alle Schranken hinwegsetzen.

SPIEGEL DER GESCHICHTE

Der Vergleich mit manchen früheren Zeiten muß uns durchaus unser Glück einsehen lernen, ungeachtet wir fast immer geneigt sind, alles Vergangene zu loben und alles Gegenwärtige zu tadeln.

Jedes Ereignis führte ein anderes herbei, das man nicht erwartet hat. Romulus glaubte nicht, Rom für die deutschen Kaiser oder für die Päpste gegründet zu haben. Alexander dachte nicht, daß Alexandria einmal an die Türken fiele, und Konstantin hat Konstantinopel gewiß nicht für Mohammed II. erbaut.

Jeder Mensch bildet sich nach der Zeit, in der er lebt.

Alle Eroberer haben jederzeit die Häupter der Religion verschont. Teils weil diese Priester ihnen geschmeichelt haben, teils weil die Unterwerfung des Volkes gewöhnlich die Unterwerfung der Priester nach sich zu ziehen pflegt.

Wahrhaftige Eroberer sind nur diejenigen, die Gesetze zu geben wissen. Ihre Herrschaft steht auf festem Grunde. Die andern sind wie Wasserfluten, die vorübergehen.

Ich glaube, daß die Geschichte uns mehr berühmte Betrüger zeigt, die bestraft worden, als solche die glücklich geworden sind.

Der wahre Politiker ist der, der gut spielt und mit der Zeit gewinnt. Der schlechte Politiker ist jener, der sich nur auf Betrügereien versteht, und früher oder später erkannt wird.

Alle Fehler aller Zeiten und aller Orte zusammengenommen kommen niemals den Übeln gleich, die ein einziger Feldzug anrichtet.

Hungersnot, Pest und Krieg sind die drei berüchtigsten Bestandteile dieser niedrigen Welt. Man kann zur Hungersnot alle schlechten Nahrungsmittel rechnen, die unser Leben verkürzen, und zur Pest alle ansteckenden Krankheiten zählen, von denen es zwei- bis dreihundert Arten gibt – aber beides sind Übel, die uns die Vorsehung beschert. Der Krieg, der alle diese Schrecken vereint, entspringt den Köpfen von drei= oder vierhundert Menschen, die auf dieser Erdkugel unter den Na= men von Prinzen und Ministern verbreitet sind.

Die Geschichte der Welt ist zugleich die Geschichte des Fanatismus.

Von vier= bis fünfhundert Sekten, die aufgekom= men sind, sind keine mehr im Gedächtnis der Men= schen übrig als die, welche entweder entsetzliche Unordnungen angerichtet oder besonders lächer= lich gewesen sind, zwei Umstände, weswegen man etwas leicht behält.

Die Sekten werden wie die Menschen alt. Diejeni= gen, die von keinem großen Monarchen unter= stützt werden, die kein großes Unglück angerich= tet haben, veralten noch schneller als die übrigen. Es sind herumschleichende Krankheiten, die bald wieder aufhören.

Laßt uns die große historische Wahrheit nicht ge= nug betonen, daß die menschliche Vernunft an= fänglich irgendeine Macht, ein Wesen angebetet hat, das sie über die gewöhnliche Macht erhaben zu sehen glaubte, es sei die Sonne, der Mond oder die Sterne. Hingegen daß die entwickelte mensch=liche Vernunft, ungeachtet aller ihrer Irrtümer, einen höchsten Gott, den Herrn der Elemente und der anderen Götter verehrt habe. Und daß alle gesitteten Nationen, von Indien bis in das innerste Europa, durchgehends an ein künftiges Leben ge=glaubt, obwohl einige philosophische Sekten ent=gegengesetzte Meinungen vertreten haben.

Jesu größte Feinde müssen gestehen, daß er die höchst seltene Eigenschaft besaß, Schüler und Menschen an sich zu ziehen. Diese Herrschaft über die Menschen erlangt man nicht ohne Ta=lente, ohne unbescholtene Sitten.

Ludwig der Heilige vereinigte mit der Frömmig=keit eines Mönchs die Standhaftigkeit eines Königs, indem er den Unternehmungen des Hofes zu Rom Einhalt gebot. Dreizehn Jahre seiner Anwesenheit ersetzten in Frankreich wieder, was seine Abwe=senheit während der Kreuzzüge verdorben hatte.

Und so drückte sich an hundert Stellen Julian aus, der das Unglück hatte, die christliche Religion zu verlassen, der aber der natürlichen soviel Ehre machte: „Man muß“, so sagte er, „die Unwissen=

den unterrichten, nicht strafen, sie bedauern, nicht hassen. Die Pflicht eines Kaisers ist, Gott nachzuahmen. Ihn nachahmen heißt, so wenig bedürfen und soviel Gutes tun wie möglich ist."

Mohammed ist unter allen Gesetzgebern, die Religionen gestiftet haben, der einzige, der die seine durch Eroberungen verbreitet hat.

Sowie die Macht der Mohammedaner zunahm, so besserten sich auch ihre Sitten.

Die Freunde des Mohammed wußten aus Erfahrung, daß das Wunderbare die Vernunft des Volkes sei.

Man muß zugeben, daß Mohammed fast ganz Asien aus der Abgötterei herausriß. Er lehrte gegen die, welche ihm andere Götter an die Seite setzten. Bei ihm ist der Handel wie Almosen nachdrücklich befohlen. Das Gebet ist von einer unumgänglichen Notwendigkeit, die Ergebung in den göttlichen Willen und die von Ewigkeit gefaßten Beschlüsse sind die großen Triebfedern von allem. Es war nicht schwer, daß eine so einfache und durch einen stets siegreichen Mann vorgetragene

Lehre einen Teil der Erde unter ihr Joch bringen würde. Die Muselmänner haben ebensoviele durch ihre Lehre wie durch ihr Schwert bekehrt.

„Es ist die Notwendigkeit, die Gesetze macht, und die Kraft erhält sie", sagte einmal ein Bürger aus London zu mir. Ich fragte ihn, ob nicht auch manchmal die Kraft Gesetze schaffe, und ob ihnen nicht Wilhelm der Eroberer Gesetze gegeben hätte, ohne mit ihnen zu verhandeln, was ihnen nötig wäre. „O ja", sagte er, „wir waren damals Ochsen, Wilhelm legte uns ins Joch und trieb uns mit Nadelstichen vorwärts. Wir haben uns aber seitdem in Menschen verwandelt. Die Hörner sind uns freilich geblieben, doch wir treffen damit den, der uns zwingen will, für ihn und nicht für uns zu arbeiten . . ."

Von den Ägyptern: Sie kannten das Große und niemals das Schöne. Sie unterrichteten die Griechen, doch in der Folge wurden die Griechen in allen Stücken ihre Lehrmeister, nachdem sie Alexandrien erbaut hatten.
Die Pyramiden kosteten viele Jahre und viele Ausgaben. Es muß ein großer Teil der Nation und eine Menge fremder Sklaven lange Zeit für diese

unermeßlichen Bauten nötig gewesen sein. Sie wurden aus willkürlicher Gewalt, Eitelkeit, Herrschsucht und Aberglauben errichtet. In der Tat, nur ein willkürlich herrschender König konnte die Natur dergestalt zwingen. England, zum Beispiel, ist jetzt mächtiger als damals Ägypten. Würde ein englischer König seine Nation gebrauchen können, solche Denkmäler aufzuführen? Die Eitelkeit hatte ohne Zweifel einen großen Teil daran.

Die ägyptischen Priester unterhielten einen heiligen Ochsen, einen heiligen Hund, ein heiliges Krokodil! Und die Römer hatten heilige Gänse, die andächtigen Mütterchen hatten unter ihren Hausgöttern auch einen Gott des Nachtstuhls, Deum sterkutium. Aber erkannten sie deswegen weniger den Deum optimum maximum, den Herrn der Götter und Menschen? Welches Land hat nicht eine Menge Abergläubische und nur eine kleine Anzahl Weise gehabt?

Die Inder: Sobald sie Seelen annahmen, so sahen sie auch ein, wie ungereimt es sein würde, das höchste Wesen ohne Unterlaß damit zu bemühen, neue Seelen zu erschaffen, sooft sich die Tiere begatten. Das hieße, Gott unaufhörlich auf die Lauer stellen, um geschwind in dem Augenblick eine Seele zu erschaffen, in dem sich der männliche Same in die Mutter ergießt. Er müßte viel zu tun haben, wenn er für alle verliebten Zusammenkünfte unserer Welt alle Seelen auf einmal machen wollte, die andern Welten nicht mitgerechnet.

Lächerlichkeit gegen Lächerlichkeit, ist die der Brahmanen doch die sinnreichste. Die Seelen sind unsterblich. Sie wandern ohne Unterlaß von einem Körper in den andern. Ist eine Seele in dem Körper eines Tyrannen böse gewesen, so wird sie verurteilt, in den Körper eines Wolfs zu fahren, der unablässig von Hunden verfolgt wird.

In diesem alten Lehrgebäude herrscht also Vernunft und Billigkeit.

Wenn man als Philosoph die Beschaffenheit unserer Erdkugel betrachten will, so möge man die Augen zuerst gegen Morgen wenden. Hier findet man den Ursprung aller Künste, von hier aus hat der Okzident alles erhalten.

Dieses Volk der Griechen, so barbarisch es auch zur Zeit des Ogyges gewesen war, scheint mir eine günstigere Veranlagung für die schönen Künste mitbekommen zu haben als alle anderen Völker.

Sie hatten in ihrer Natur – ich weiß es nicht genau zu sagen – etwas Feineres und Scharfsinnigeres. Ihre Sprache schon zeugt davon. Denn man sieht, daß sie, ehe sie noch schreiben konnten, in ihrer Sprache eine wohlklingende Mischung von sanften Mitlauten und Selbstlauten hatten, die keinem Volk in Asien jemals bekannt gewesen sind. Die schöne Baukunst, die vollkommene Bildhauerei, die Malerei, die gute Tonkunst, die Art, die Geschichte zu schreiben, und endlich die Philosophie selbst, obgleich wirr und ungeformt, kam bloß durch die Griechen auf unsere Nationen.

Die orientalischen Völker besitzen keine Zärtlichkeit, weil bei ihnen die Weiber in keine Gesellschaft kommen dürfen. Sie haben weder Ordnung noch Philosophen, jeder Weise folgt in seiner Einsamkeit, wo er sein Leben zum Großteil verbringt, seiner Einbildungskraft, und Einbildungskraft an sich ist unordentlich. Sie hatten niemals etwas von der wahren Beredsamkeit, wie man sie bei Demosthenes und Cicero findet. Wen hätte man im Orient zu überreden gehabt? Sklaven. Gleichwohl findet man bei ihnen herrliche Spuren der Erkenntnis, sie malen mit Worten. In ihren Bildern liegt das Erhabene.

Aber wie sind so viele eitle Zeremonien entstanden, denen sich die Brahmanen unterwerfen? Zum Beispiel: Warum setzen die indischen Witwen seit mehr als dreitausend Jahren ihre Ehre und ein wesentliches Stück ihrer Religion darein, sich mit dem Leichnam ihrer Männer zu verbrennen? Diese alte Gewohnheit, die ebenso töricht wie abscheulich ist, wurde vermutlich einmal von einem Dummkopf beobachtet, und andere, noch größere Dummköpfe sind noch weitergegangen. Eine Witwe rauft sich beim Tod ihres Mannes die Haare, zerschlägt sich das Gesicht, eine andere fügt sich Wunden zu. Eine Dritte verbrennt sich und gibt vorher einen Teil ihres Geldes den Priestern. Diese versäumen nicht, die Weiber zu ermahnen, einem so schönen Beispiel zu folgen. Bald nachher ist es schon eine Schande, sich nicht zu verbrennen. Einen solchen Ursprung hatten fast alle widrigen Gewohnheiten.

Man fand im alten Rom Narren, aber keine Barbaren, die sie verbrannten.

Vielleicht ist das Herrschervolk der Römer deswegen so zu schätzen, daß es neunhundert Jahre lang niemanden seiner Meinung wegen verfolgte. Es hatte sich keinen Schierlingsbecher vorzuwerfen.

Dazu dachte es viel zu tolerant. Wenn diese weisen Eroberer eine Stadt belagerten, so baten sie die Götter der Stadt, zu ihnen überzugehen. Sobald die Stadt eingenommen war, brachten sie ihre Opfer in die Tempel der Überwundenen. Und so verdienten sie es, über so viele Nationen zu herrschen ... Das erobernde Volk war ein tolerantes Volk. Man muß gestehen, daß es die Christen nicht eher übel behandelte, als bis diese Neuerer öffentlich immer wieder erklärten, sie könnten keinen anderen Gottesdienst dulden als den ihren.

Wäre das Altertum in seiner Unwissenheit nicht weitergekommen, als die Gottheit in Bildern zu erkennen, was wäre ihm vorzuwerfen?

Alles ist bei den Juden widersprechend und inkonsequent, wie fast bei allen Nationen. Das bringt die menschliche Natur mit sich. Aber das Volk der Juden übertrifft darin alle Menschen.

Als ich die alte Geschichte Chinas las, war ich sehr verblüfft, daß fast alles darin glaubwürdig und natürlich scheint.
Ich bewundere sie, weil nichts Wunderbares darin zu finden ist.

Der gemeine Pöbel war in China wie in andern Ländern dumm und abergläubisch. Zuletzt betete er lächerliche Gottheiten an. Seit ungefähr dreitausend Jahren standen verschiedene Sekten auf. Die weise und tolerante Regierung, die sich bloß mit der Moral und Polizei beschäftigte, ließ sie ungestört gewähren. Sie nahm es gar nicht übel, daß der Pöbel an Fratzen glaubte, wenn er nur den Staat nicht beunruhigte und den Gesetzen gehorchte. Immer war der Grundsatz der Regierung: Glaube, was du willst, aber tue, was ich befehle.

In seiner Art einzig und zu bewundern ist es aber, daß in China von jeher der Kaiser Hoherpriester und Prediger gewesen ist. Die Edikte sind zu jeder Zeit Ermahnungen zur Tugend gewesen.

Sehr merkwürdig ist, daß die Brahmanen, deren Alter so hoch hinaufreicht, die einzigen Priester auf Erden sind, die ihre Lehrsätze und ihr Ansehen zugleich beibehalten haben. Sie machen noch den ersten Stamm, die erste Kaste aus, vom Ufer des Ganges bis zu den Küsten von Malabar.

Wenn man in Europa fortfährt, die Erde zu entvölkern, um zu erfahren, wer sie beherrschen soll, so gebe ich unserer armen Gattung nur noch wenige Jahrhunderte.

Ich glaube, daß die Franzosen in Europa ein wenig auf ihren Kredit hin leben, etwa wie ein reicher Mann, der sich unmerklich zugrunde richtet. Unser Volk hat zu seiner Ermutigung das wachsame Auge eines Lehrers nötig.

Schon lange konnte man Europa, wenn man Moskau ausnimmt, als eine große Republik betrachten, die in verschiedene Staaten mit verschiedenen Regierungsformen geteilt war, die aber alle in Verbindung miteinander standen, in der alle einerlei Grundsätze der Religion hatten, ob sie gleich in verschiedene Sekten geteilt waren, alle einerlei Regeln des öffentlichen Rechts und Staatsrechts, wovon man in den übrigen Teilen der Welt nichts wußte.

Was können wir wohl aus allem Wechsel der Weltgeschichte für einen größeren Nutzen ziehen, als daß wir uns überzeugen, es sei jedes Volk solange unglücklich gewesen, bis die Gesetze und die richterliche Gewalt ohne Widerspruch eingeführt worden sind.

DER STAAT DER VERNUNFT

Eine Nation existiert erst, wenn sie Gesetze und Künste hat.

Wenn ein Staat mächtig sein soll, so muß entweder das Volk eine auf die Gesetze gegründete Freiheit haben, oder die oberste Gewalt muß ohne Widerspruch gefestigt sein.

Nicht Geld bereichert ein Land, sondern der Geist, der die Arbeit gebietet.

Wenn sich eine Nation in einer Gesellschaft vereinigt hat, so muß sie notwendig einen Gott anbeten, sowie die Bürger des Staats einander helfen müssen. Aus diesem Grunde hat es nie eine unter Gesetzen zusammenlebende Nation gegeben, die nicht, seit undenklichen Zeiten, eine Gottheit anerkannt hätte.

Der Despotismus ist der Mißbrauch der königlichen Würde, sowie die Anarchie der Mißbrauch der Republik ist.

Es ist mehr als ein Königreich um eines bloßen Mißverständnisses willen über den Haufen geworfen worden.

Freiheit des Gewissens und des Handels sind die Angelpunkte des Wohlstands der Staaten ...

Leute, die nichts anderes zu tun haben, als den Staat von ihrer Ecke hinter dem Ofen zu regieren, erließen einige Verordnungen, deren erste war, daß die gesetzgebende und ausführende Gewalt durch göttliches Recht von Anfang an Mitbesitzerin meines Grund und Bodens sei und daß ich ihr deswegen mindestens die Hälfte alles dessen abzugeben habe, was ich selbst verzehre. Ich schlug drei Kreuze vor der ungeheueren Größe des Magens der gesetzgebenden und ausführenden Gewalt. Was würde kommen, wenn diese Macht, die bei der üblichen Ordnung der Staaten das Wort führt, meinen Grund und Boden ganz beanspruchte? Das eine ist noch göttlicher als das andere.

Eine Republik wird nicht auf die Tugend gegründet. Die Republik baut auf den Ehrgeiz jedes Einzelnen, der den Ehrgeiz des anderen in den nötigen Schranken hält, auf den Stolz, der den Stolz begrenzt, auf die Herrschsucht, die andere nicht herrschen läßt. Und daraus entstehen Gesetze, die der Gleichheit so weit wie möglich dienen: es ist so wie bei einer Gesellschaft von Gästen, die mit gleichem Appetit an einem Tisch essen, bis ein starker, gefräßiger Mann kommt, der ihnen alles wegnimmt und nur die Brosamen übrigläßt.

Es hat unmöglich auf der Erde Staaten gegeben, die nicht zuerst Republiken waren: das ist der natürliche Gang der menschlichen Natur.

Die Staatsklugheit und die Waffen scheinen unglücklicherweise die zwei Handwerke zu sein, die den Menschen am natürlichsten sind; entweder sie unterhandeln oder sie schlagen einander.

Ein Republikaner ist seinem Vaterland immer ehrlicher ergeben als ein Untertan dem seinen. Warum wohl? Man liebt sein eigenes Vermögen mehr als das Eigentum seines Herrn.

Die Unantastbarkeit der Schwüre ist nötig, und man verläßt sich viel eher auf die Menschen, die überzeugt sind, ein falscher Eid werde geahndet, als auf jene, die meinen, straflos falsch schwören zu dürfen. Unzweifelhaft ist es für ein gesittetes Volk nützlicher, eine Religion zu haben, selbst wenn sie falsch ist, als gar keine zu haben.

Wird eine Gesellschaft von einigen oder wenigen beherrscht, so hatte sie sichtlich weder die Energie noch die Geschicklichkeit, sich selbst zu beherrschen. Sie ist einer Herde Ochsen nicht unähnlich, die man zum Dienst ins Joch spannt: der Herr nährt sie nur, damit sie für ihn arbeiten können, er pflegt sie in ihrer Krankheit, damit die Gesunden ihm nützen, und er mästet sie, um sich von ihrem Fleisch zu nähren, er nimmt ihre Haut ab, um sie damit vor seinen Pflug zu spannen.

Je barbarischer die Völker sind, je mehr Schwächen die Höfe regieren, desto mehr wird das Zeremoniell triumphieren. Wahre Macht und wahre Politik verachten die Eitelkeit.

Das große Übel der Demokratie ist nicht Tyrannei und Grausamkeit. Es gibt Republikaner aus dem rauhen Gebirge, die unabhängig und wild sind, aber es ist nicht der republikanische Geist, der sie dazu gemacht hat, sondern die Natur ... Das wirkliche Übel einer bürgerlichen Republik erklärt am besten die türkische Fabel vom Drachen mit mehreren Köpfen und vom Drachen mit mehreren Schwänzen. Die Menge der Köpfe schadet einander, und die Menge der Schwänze gehorcht nur einem Kopf, der dann aber alles fressen will. Mir scheint, die Demokratie wird nur in einem kleinen Land gedeihen, und dieses muß außerdem eine glückliche Lage haben. So klein es auch ist, es wird große Fehler begehen, weil es aus Menschen besteht. Zwietracht wird herrschen wie in einem Mönchskloster, aber es gibt keine Bartholomäusnacht, keine sizilianische Vesper, noch Inquisition, noch Galeerensträflinge ... Man fragt sich täglich, ob ein republikanisches Staatswesen der Monarchie vorzuziehen ist. Der Streit endigt stets mit der Einsicht, daß es schwer ist, über Menschen zu herrschen. Die Juden wählten sich Gott selbst zum Herrscher. Und was ist ihnen geschehen? Sie wurden fast immer geschlagen und zu Sklaven gemacht.

Die Unregelmäßigkeit ist uns natürlich. Unsere politische Welt ist wie unsere Erdkugel, etwas Ungestaltetes, an dem wir nichts ändern können. Es wäre töricht, wenn man wollte, daß die Berge, die Meere, die Flüsse alle nach regelmäßigen Figuren angeordnet wären. Noch törichter wäre es, von allen Menschen eine vollkommene Weisheit zu verlangen. Das wäre den Hunden Flügeln und den Adlern Hörner geben zu wollen.

Bei Staatshändeln sind allemal diejenigen Handlungen rühmlich, wodurch ich meinen Nutzen und Vorteil befördere.

So ist eben die menschliche Natur, daß man seinem Nachbarn Übles wünscht, wenn man die Größe seines Vaterlandes anstrebt. Derjenige, der wünscht, daß sein Vaterland weder kleiner noch größer, weder reicher noch ärmer würde, wäre der Weltbürger.

Ich kann nicht unterlassen, mich öfters bei den Münzvergleichungen aufzuhalten und den Wert des Geldes genau zu bestimmen. Dies ist, nach meiner Ansicht, der Puls eines Staates und der sicherste Weg, seine Stärke oder Schwäche zu erkennen.

Wichtig ist nicht, einen Überfluß an Menschen zu haben. Wichtig ist nur, die Menschen so wenig unglücklich wie möglich zu machen.

Die Nationen haben nur darin dauernden Erfolg, was ihnen durchaus notwendig ist.

Die beste Regierung ist diejenige, unter der man die wenigsten unbeschäftigten Menschen findet.

Die Langeweile ist das Übel aller Staaten.

Man darf der Strenge nicht stets Gehör geben.

Wer strafen will, der muß auch leiden können.

Toleranz ist in der Politik ebenso wichtig, wie in der Religion. Intolerant ist nur der Hochmut. Er lockt die Meinungen hervor, indem er jeden zwingen will, zu denken, wie man selbst. Hier ist die Quelle zu jedem Zwist.

Mit einem Wort, man kennt den menschlichen Geist nur schlecht, wenn man übersieht, daß der Fanatismus die Leute zu allem fähig macht.

Wo sind die Schriftsteller einer Partei, die nicht alles vergrößert hätten, was ihnen die Zuneigung der Menschen erwerben konnte? Man übertreibt schon bloß des Vergnügens wegen, Leser und Zu=

hörer zu haben, wieviel mehr dann, wenn Schwär=
merei und Fraktionsinteresse Befugnis zum Lügen
zu geben scheinen?

Die Menschen durch Erdichtungen beherrschen zu
wollen, ist elende Politik.

In allen großen Angelegenheiten der Politik findet
man einen Vorwand, den man in den Vordergrund
stellt und eine wirkliche Ursache, die verborgen
wird.

Ohne außerordentliche Persönlichkeiten wären die
Menschen immer den Tieren ähnlich geblieben.

Es geschieht niemals etwas Großes in der Welt als
durch Witz und Standhaftigkeit eines einzigen
Menschen, der gegen die Vorurteile der gemeinen
Masse kämpft.

Die Unerschrockenheit ist keine Tugend, sondern
nur eine glückliche Eigenschaft, die lasterhaften
und großen Leuten gemein ist.

Eitelkeit, Leidenschaft, sich auszuzeichnen, und
noch mehr Begierde nach Herrschaft über den Ver=

stand anderer, haben viele gute Köpfe verdorben und viele Augen getrübt.

Es wäre wünschenswert, daß es die Staatsmänner so hielten wie die Künstler; wenn man in London erfährt, daß es in Frankreich etwas Neues gäbe, so macht man es nach. Warum sollte sich also ein Staatsmann nicht alle Mühe geben, ein Gesetz, das sich im Nachbarland bewährt, auch in seinem Vaterland einzuführen?

Setzt nicht das Recht hintan, wenn ihr es rächen wollt, und kehrt den Staat nicht um, den ihr zu verbessern die Absicht habt.

Die Amtspersonen einer Stadt mochten noch so vortreffliche Gesetze gegen Diebstahl und Ehe= bruch geben, sie selbst wurden in ihren Häusern bestohlen, während sie dabei waren, öffentlich diese vortrefflichen Gesetze bekanntzumachen. Und ihre Weiber wählten gerade diese Zeit, um sich mit ihren Buhlen über sie lustig zu machen.

Wie konnte man der Habsucht und allen anderen geheimen und unbestraften Übertretungen der Ge= setze anders Einhalt gebieten als durch den Be=

griff eines ewigen Oberherrn, der uns sieht und über unsere geheimsten Gedanken richten wird?

Alle Regierungen werden einsehen, daß die Kirche im Staat und nicht der Staat in der Kirche sein müsse.

Ludwig XIII. ließ während seiner Regierung ungefähr viertausend Bürger unter der Hand des Henkers sterben: er besaß die unumschränkte Gewalt nicht, die er besitzen sollte. Ludwig XIV. ließ seit seiner Begebenheit mit dem Herzog von Lausun nicht einem einzigen Untertanen seinen Hof verbieten – er regierte mit uneingeschränkter Gewalt.

Um hunderttausend Mann auf Totschlag auszuschicken, dafür habt Ihr Geld genug, aber nicht, um Zehntausenden Lebensunterhalt zu verschaffen?

Der Soldat: Ich weiß gar nichts. Mein Beruf ist, für meinen Lebensunterhalt zu töten und getötet zu werden, gleichgültig, wem ich diene.

Verurteilt die Soldaten, wenn sie rauben, doch werft ihnen nicht Wahnsinn und Grausamkeit vor, wenn sie sich in gutem Glauben daran freuen. Diese englischen Soldaten, die sich an der Einnahme von Pondichéry und Havanna bereicherten, hatten sie unrecht, daß sie dann in London Vergnügen genossen für all die Mühen und Entbehrungen, die sie im hintersten Asien und Amerika erlitten hatten?

Wehe den Staatsmännern, die den Wert der schönen Künste nicht kennen!

Fanatiker sind gefährlicher als Schufte. Einen Besessenen wird man nie belehren können, einen Schurken weit eher.

Ich fordere hier alle Sittenlehrer und Gesetzgeber auf, mir zu antworten, ob sie je etwas Schöneres und Nützlicheres sagten als man im Eingang zu den Gesetzen des Zaleucus liest, der vor Pythagoras lebte und die erste Obrigkeit der Locrier war: „Ein jeder Bürger soll vom Dasein Gottes überzeugt sein. Man muß nur die Ordnung und Übereinstimmung der Welt betrachten, um überzeugt zu sein, daß nicht der Zufall sie geschaffen haben könne. Man soll Herr über seine Seele sein, sie reinigen, alles Böse herausschaffen und bedenken, daß Gott von verkehrten Leuten nicht rechtschaffen gedient werden könne. Und daß er nicht den elenden Sterblichen ähnlich sein könne, die sich durch prächtige Zeremonien und kostbare Geschenke einnehmen lassen. Die Tugend allein und die ständige Absicht Gutes zu tun, können ihm gefallen ... Ein jeder soll weit mehr fürchten, was zur Schande als was zur Armut führt. Man muß jenen für den besten Bürger ansehen, der sein Glück der Gerechtigkeit aufopfert ... Ein jeder soll sich in jedem Augenblick betragen, als wäre dieser Augenblick der letzte seines Lebens. Aber wenn ihn ein böser Geist zum Laster verleitet, so werfe er sich in die Arme redlicher Leute, deren Rat ihn zur Tugend zurückführen wird."

Nie ist die Religion der Kaiser von China und der Gerichtshöfe durch Betrügereien entehrt worden, nie durch die Zänkereien der Priester und der Regierung beunruhigt, nie durch abgeschmackte Neuerungen beschwert worden, die einander mit ebenso abgeschmackten Gründen angreifen, und deren Tollheit endlich Schwärmern den Dolch in die Hände gegeben hat. Hierdurch besonders erhalten die Chinesen den Vorrang vor allen Nationen in der Welt.

Ihr Kon=fu=tse erdachte weder neue Meinungen noch neue Gebräuche. Er spielte weder den Begeisterten noch den Propheten. Er war eine obrigkeitliche Person, die die alten Gesetze lehrte. Wir sagen manchmal, und sehr unschicklich, die „Religion des Konfuzius". Es war keine andere als die Religion aller Kaiser und aller Tribunale, keine andere als die der alten Weisen. Er empfiehlt bloß die Tugend, er predigt kein Geheimnis. Er sagt in seinem ersten Buch, daß man, um regieren zu lernen, sein ganzes Leben mit der Besserung seiner selbst zubringen müsse. Im zweiten beweist er, daß Gott selbst dem Menschen die Tugend ins Herz gesenkt habe. Er sagt, daß der Mensch nicht böse geboren, sondern es durch sein Versehen geworden sei. Das dritte ist eine Sammlung reiner Ausübungsregeln, wo man nichts Niedriges, nichts von einer lächerlichen Allegorie findet. Er hatte fünftausend Schüler, er konnte sich an die Spitze einer mächtigen Partei setzen. Aber er wollte die Menschen lieber unterrichten als regieren.

Die Inschriften seiner Tempel, von denen wir beglaubigte Abschriften haben, lauten: der ersten Grundursache ohne Anfang und Ende. Sie hat alles gemacht, sie regiert alles. Sie ist unendlich gut, unendlich gerecht. Sie erleuchtet, unterstützt, ordnet

die ganze Natur. Und Konfuzius hatte den Wahlspruch: Der Himmel hat mir die Tugend gegeben, der Mensch kann mir nicht schaden.
Freilich reden die chinesischen Gesetze nicht von Strafen und Belohnungen nach dem Tode. Allein sie haben auch nicht bekräftigen wollen, was sie nicht wußten. Dieser Unterschied zwischen ihnen und den Grundsätzen aller großen gesitteten Völker ist sehr zu bewundern. Die Lehre von der Hölle kann nützlich sein, die chinesische Regierung hat sie nie zugelassen. Sie begnügte sich, die Menschen zur Verehrung des Himmels und zu einem gerechten Lebenswandel zu ermahnen. Sie glaubte, daß eine gute Polizei, die jederzeit funktionierte, mehr wirken würde, als Meinungen, die jederzeit bestritten werden können, und daß man ein überall gegenwärtiges Gesetz mehr fürchten würde als ein zukünftiges.

Es gibt zwei Arten von Gesetzen. Die natürlichen, die allen gemeinsam, allen nützlich sind: Du sollst nicht stehlen oder deinen Nächsten töten, Du sollst das Weib deines Bruders nicht rauben, Du sollst nicht lügen ... Das sind die Gesetze, die die Natur von den Inseln Japans bis an das Gestade unseres Okzidents kund getan hat. Weder Orpheus noch

Hermes, weder Minos noch Lykurg, noch Numa hatten nötig, daß Jupiter unter dem Getöse des Donners Wahrheiten anzukündigen käme, die in aller Herzen geschrieben sind.

Die zweiten sind Staatsgesetze, bloß bürgerliche, in alle Ewigkeit willkürliche Gesetze, welche bald Ephoren, bald Konsule, Versammlungen nach Zenturionen, oder Versammlungen nach Stämmen, einen Areopagus oder einen Senat, die Aristokratie, die Demokratie oder die Monarchie anordnen. Man würde das Herz der Menschen sehr schlecht kennen, wenn man vermuten wollte, daß ein weltlicher Gesetzgeber jemals ein einziges solches Staatsgesetz im Namen der Götter in anderer Absicht als aus Eigennutz gegeben hätte. Man betrügt auf diese Art die Menschen nur zu seinem eigenen Vorteil.

Sind also alle weltlichen Gesetzgeber Schelme gewesen, die den Tod verdient haben? Nein. Sowie sich heutigen Tages in den Versammlungen der Obrigkeiten noch immer redliche und erhabene Seelen finden, die der Gesellschaft nützliche Dinge vorschlagen, ohne sich zu rühmen, so waren auch unter den früheren Gesetzgebern viele, die vortreffliche Gesetze einführten, ohne sie von Jupiter oder Minerva herzuleiten.

Darf man das Volk betrügen oder nicht? Der Fakir Bambabef traf eines Tages einen aus der Disziplin des Konfuzius, der sich Quang nannte, Bambabef bestand darauf, daß man das Volk zu seinem Besten täuschen müsse, und Quang versicherte, daß man niemals irgendjemanden täuschen dürfe. Hier das Wichtigste aus ihrer Unterredung:

Bambabef: Sie wissen doch, daß die Ärzte die Kinder immer täuschen, wenn sie sagen, sie gäben ihnen Zucker, und es ist doch Rhabarber. Als Fakir muß ich die Leute täuschen, die ebenso unwissend sind wie die Kinder.

Quang: Ich habe zwei Söhne, die ich niemals getäuscht habe, wenn sie krank waren. „Da ist eine sehr bittere Medizin. Ihr müßt den Mut haben, sie zu nehmen. Sie würde euch nur schaden, wenn sie süß wäre." Ich habe es auch niemals erlaubt, daß ihnen ihre Erzieher Angst vor der Dunkelheit, vor Geistern oder Zauberern machten. So habe ich sie zu mutigen und weisen jungen Bürgern erzogen.

Bambabef: Das Volk ist nicht so glücklich wie Ihre Kinder.

Quang: Alle Menschen sind einander ähnlich, sie sind mit denselben Anlagen geboren. Die Fakire sind es, die die Natur der Menschen verderben.

Bambabef: Wir lehren sie Irrtümer, ich gebe es zu, aber zu ihrem Besten ... Es ist ihnen gut zu glauben, daß sie in einem anderen Leben Postpferde, Hunde oder Eidechsen werden, wenn sie hier ihre Sünden nicht büßen wollen. Wir sagen ihnen das, und sie sind eingeschüchtert und werden rechtschaffene Leute.
Quang: Sehen Sie nicht, daß Sie diese armen Leute verderben? Unter ihnen gibt es sicher viele, mehr als Sie annehmen, die nachdenken, die sich über Ihre verdrehten Schlüsse, über Ihre Wunder lächerlich machen, die wohl einsehen, daß sie niemals in Postpferde oder in Eidechsen verwandelt würden. Was kommt? Sie haben genug Vernunft, um zu erkennen, daß Sie ihnen eine unverschämte, verlogene Religion predigen, aber nicht genügend davon, um sich von selbst aus in eine vom Aberglauben gereinigte Religion wie die unsere zu erheben. Ihre Leidenschaften lassen sie annehmen, daß es gar keine Religion gibt, weil die einzige, die man ihnen zeigt, lächerlich ist. Sie werden dadurch an allen Verbrechen schuldig.
Bambabef: Keineswegs, weil wir ihnen nichts anderes zeigten als gute Sitten.
Quang: Sie werden damit endigen, daß das Volk Sie steinigt.

Bambabef: Wie, Sie glauben, daß man Wahrheit lehren kann, ohne sie durch Fabeln zu unterstützen?
Quang: Ich glaube es unerschütterlich.

Seit dem Augenblick, da die Menschen in Gemeinschaft zu leben begannen, mußten sie auch bemerken, daß gewisse Missetaten der Strenge des Gesetzes entkamen. Man mußte dem geheimen Verbrechen andere Zügel anlegen. Die Religion allein konnte dieser Zügel sein.

Es ist eine große Dummheit, der Religion Trugbilder hinzuzufügen, die sie lächerlich machen. Man kommt dabei in Gefahr, die ganze Religion in schwachen und verderbten Köpfen zu zerstören, wenn man das entehrt, was man ihnen mit Widersinn und Abgeschmacktheit verheißt ...

Verfolgen Sie nie jemanden um seiner Religion willen! Das ist schauderhaft vor Gott und den Menschen. Jesus Christus, weit entfernt zu unterdrücken, wurde unterdrückt. Wenn es im Universum ein mächtiges und böses Wesen gäbe, einen Feind Gottes, wie es die Priester behauptet haben, so wäre es sein Teil, die Menschen zu verfolgen.

Die Politik hat ein gewisses Gleichgewicht zwischen den Staaten Europas geschaffen. Es wäre nicht weniger nötig, ein Gleichgewicht zwischen den Irrtümern zu begründen, damit sie endlich, der eine den anderen ausgleichend, die Welt in Frieden lassen.

Die Strafen sind unglücklicherweise nötig. Man muß das Verbrechen mit dem Schrecken gleichsetzen. Aber die Strafen seien nützliche Arbeiten, damit diejenigen, die den Menschen Unrecht getan haben, den Menschen dienen.

Wir finden bei unseren Nachbarn eine Menge kluger Gesetze, eine Menge erprobter Gewohnheiten – das sind die Früchte, die wir bei uns pflanzen, das sind die Bäume, die wir bei uns setzen sollten. Sie gedeihen unter jedem Klima und in jedem Boden.

Jedes nicht deutliche, nicht präzise, nicht allgemein verständliche Gesetz ist nichts als eine Schlinge, welche die Betrügerei der Einfalt legt.

Niemals wurden eher Gesetze gemacht als die Notwendigkeit dazu Anlaß gab.

Es macht mir Freude, daran zu denken, daß es ein natürliches Gesetz, ein Gesetz, unabhängig von allen menschlichen Übereinkünften gäbe: die Früchte meiner Arbeit gehören mir, ich muß meinen Vater und meine Mutter achten, und ich habe kein Recht auf das Leben meines Nächsten, wie mein Nächster kein Recht auf das meine hat.

Die Einzelheiten, die Beweggründe der Politik sinken zurück in die Vergangenheit, die guten Gesetze und Einrichtungen, die Monumente der Kunst bleiben bestehen.

MENSCHHEIT OHNE VORURTEIL

Das Wohl der Gesellschaft ist das einzige Maß des sittlich Guten und Bösen.

Die rechtschaffenen Leute, die denken, haben beinahe dieselben Grundsätze und machen so auch nur eine Republik aus.

Wollen wir unsere Talente nur in unserer kleinen Sphäre konzentrieren? Der isolierte Mensch ist ein Wilder, ein ungestaltetes Wesen, das seine Vollendung noch nicht erlangt hat ... Es soll kein einziger ein Fremdling unter uns sein.

Es ist gewiß, daß die Geburt unter den Menschen ebensowenig Unterschied ausmacht wie zwischen zwei Eseln, von dessen Vätern der eine Mist trug und der andere Reliquien. Die Erziehung ergibt den Unterschied, die Geschicklichkeit macht ihn größer, und das Glück am allergrößten.

Was würdet ihr von einer Familie sagen, die immer bereit wäre, aufeinander loszuschlagen, um zu er=

raten, wie man seinen Vater grüßen müsse? Ach, meine Brüder! Es kommt darauf an, ihn zu lieben! Grüßt ihn, wie ihr könnt. Seid ihr nur darum Brü=der, daß ihr uneins seid? Und muß das, was euch miteinander verbinden sollte, euch immer trennen?

Alle Menschen wären notwendigerweise gleich, wenn sie ohne Bedürfnisse wären. Die Not, die un=serem Geschlecht anhaftet, ordnet den einen Men=schen dem anderen unter. Nicht die Ungleichheit ist das tatsächliche Übel, es ist die Abhängigkeit. Es ist sehr unwichtig, ob sich der eine Seine Hoheit oder der andere Seine Heiligkeit nennt, aber es ist hart, daß der eine dem anderen dient.

Mir scheint, wir haben alle eine natürliche Nei=gung zum Zusammenschluß, zum Parteigeist. Wir suchen darin eine Stütze für die eigene Schwäche.

Das Vaterland ist eine Verbindung von vielen Fa=milien, und wie man, im allgemeinen, seine Fa=milie durch Eigenliebe erhält – da man doch kein anderes Interesse haben kann – erhält man durch dieselbe Eigenliebe sein Dorf, seine Stadt und was man Heimat nennt. Je größer diese Heimat wird, desto weniger liebt man sie, weil die geteilte Liebe sich abschwächt. Unmöglich, daß man eine zahlreiche Familie, die man kaum kennt, zärtlich liebt ...

Was ist Vaterlandsliebe? Eine Mischung von Eigenliebe und Vorurteilen, unter denen das allgemeine Beste der Gesellschaft die größte Tugend sein möge. Es kommt viel darauf an, daß dieser unbestimmbare Begriff Gesellschaft ein unantastbares Gefühl erwecke.

Setzen Sie zwei Menschen auf die Erde: diese werden gut, tugendhaft, gerecht nur das nennen, was für sie beide gut sein wird. Setzen Sie vier darauf: es wird nichts Tugendhaftes geben, als was für alle vier schicklich ist. Was ich von diesen vier Menschen sage, muß man von dem ganzen Weltall annehmen.

Die Ehre ist der Wunsch, geehrt zu werden. Man kann nicht sagen, daß ein Mensch, der in Einsamkeit lebt, Ehre habe. Die Ehre ist dem Grad der Hochachtung vorbehalten, die jedermann in der menschlichen Gesellschaft mit seiner Person verbunden wissen will. – Es ist nötig, sich über die Begriffe zu einigen, denn sonst wird man sich bald nicht mehr verstehen.

Der Mensch empfing alles, was zu seinem Leben in Gemeinschaft nötig ist, gleichwie ihm ein Magen gegeben ist, zu verdauen, Augen, um zu sehen, eine Seele, um zu urteilen.

A: Wenn das menschliche Geschlecht, wie man sagte, tatsächlich unter der Herrschaft des Teufels stünde, so ist es klar, daß alle Männer ihre Frauen totschlügen, daß die Söhne ihre Väter ermordeten, daß die Mütter ihre Kinder verzehrten ... Da nun aber dies nicht üblich ist, ist damit bewiesen, daß man uns narrt, wenn man behauptet, daß wir alle in der Gewalt des Teufels seien. Es ist dies die dümmste Gotteslästerung, die man jemals vorgebracht hat.

B: Wenn ich darüber nachdenke, so muß ich bekennen, daß das menschliche Geschlecht durchaus nicht so böse ist, wie gewisse Leute, in der Hoffnung, es zu beherrschen, versichern ... Epidemische Greuel sind wie die großen Pestkrankheiten, die bisweilen die Erde verheeren — wenn sie vorüber sind, geht man wieder an die Arbeit, säet, erntet, trinkt und tanzt und liebelt über der Asche der Toten, die man mit Füßen tritt, und — wie ein Mann, der sein Leben mit Empfinden, Philosophieren und Scherzen hingebracht hat, es kurz zusam=

menfaßte — „wenn es auch nicht gut ist, so ist doch alles leidlich"

Der Mensch ist geneigt, sich wohl zu befinden, und das ist nur böse, wenn er seine Brüder unterdrückt. Gott hat ihm die Eigenliebe verliehen, die ihm nützlich und die Wohltätigkeit, die seinem Nächsten nützlich ist, ferner den Zorn, der Gefahr bringt und das Mitleid, das ihn entwaffnet, so auch die Übereinstimmung mit mehreren und die Abneigung gegen andere seiner Nächsten. Dazu viele Bedürfnisse und Industrie, Instinkt, Vernunft und Leidenschaften — das ist der Mensch! Wenn Ihr Götter sein werdet, so versucht es, den Menschen nach einem besseren Modell zu schaffen!

Ich weiß, daß es sehr wohl tut, zu klagen. Zu allen Zeiten hat man die Vergangenheit gepriesen und die Gegenwart beklagt ... Doch ich komme aus der Provinz nach Paris, man führt mich in einen schönen Saal, wo 1200 Personen einem köstlichen Konzert lauschen, dann löst sich die Versammlung in kleine Gruppen auf, die recht gut soupieren gehen, und nach dem Souper ist die Gesellschaft durchaus nicht unzufrieden mit der Nacht. Ich sehe, daß in dieser Stadt alle Künste hoch in

Ehren stehen, daß die gewöhnlichsten Handwerker gut verdienen, daß man den Erwerbsunfähigen jede Erleichterung schafft, daß man Unfälle ver= hütet. Alle Welt freut sich dort, hofft sich zu er= freuen oder arbeitet, um sich eines Tages zu freuen, und diese Verteilung ist nicht die schlechteste ... Ich leugne nicht, daß die Erde zeitweilig von Un= glück und Verbrechen überschwemmt wurde, daß wir auch heute noch unseren Teil zu tragen haben. Doch sicherlich sind wir darum nicht so sehr zu beklagen, wir sind heute nicht gar so unglück= lich.

Warum führt man seit so langer Zeit Krieg und warum begeht man dieses Verbrechen ohne Ge= wissensbisse? Man führt lediglich Krieg, um zu ernten, was andere gesät haben, um ihre Himmel, Pferde, Kühe, Ochsen und Hausgerät in seine Ge= walt zu bekommen. Darauf läuft alles hinaus, denn das ist die erste Grundlage des Reichtums. Es ist lächerlich, wenn man glaubt, daß Romulus in einem elenden Dorfe zwischen drei kahlen Ber= gen öffentliche Spiele gefeiert und dazu dreihun= dert junge Mädchen aus der Nachbarschaft einge= laden habe, um sie zu rauben. Aber ziemlich aus= gemacht ist es, daß er und seine Spießgesellen das

Vieh und die Ackergeräte den Sabinern wegnahmen.

Der Parteigeist hält in seinen Urteilen nie die Mittelstraße.

Wo die Zwietracht waltet, stirbt alle Frucht, im Keim schon tot.

Wo die ganze Staatsgemeinschaft wohl regiert wird, da pflegt man nicht leicht besondere Gemeinschaften zu errichten.

Warum wurden denn die Epikuräer niemals verfolgt, Sokrates hingegen verurteilt, den Giftbecher zu leeren? Es muß noch einen anderen Grund als Fanatismus gegeben haben, den Sokrates zu verurteilen. Die Epikuräer waren die geselligsten Menschen von der Welt, und Sokrates scheint der ungeselligste gewesen zu sein. Er gesteht selbst in seiner Verteidigungsrede, in Athen von Haus zu Haus gegangen zu sein, um den Leuten zu beweisen, daß sie Narren seien.

Ich bin auf meinen Reisen Menschen begegnet, die weit unter uns standen, und solchen, die uns übertrafen, aber nie habe ich Menschen getroffen, die nicht mehr Wünsche als wirkliche Bedürfnisse und nicht mehr Bedürfnisse als Befriedigung gehabt hätten.

Wir sind gleich als Menschen, aber nicht als Mitglieder der Gesellschaft ... Die Menschen sind also in der Hauptsache einander gleich, obwohl sie auf der Bühne verschiedene Rollen spielen.

Der Zweig des wirtschaftlichen Lebens, aus dem alle anderen hervorgehen, ist die Landwirtschaft. Sie allein bringt die drei Dinge hervor, die der Mensch wirklich braucht, Nahrung, Kleidung und Dach. Es gibt nichts viertes, es sei denn Heizung in kalten Ländern. Die drei Notwendigkeiten schaffen die Gesundheit, ohne die es nichts gibt.

Wie konnte man zu der Einbildung kommen, daß in unserem physischen auch noch ein metaphysisches Wesen stecke? Menschen, die sich einzig mit ihren Bedürfnissen beschäftigen, waren bestimmt keine Philosophen.
Mit der Zeit entstanden etwas gesittete Gesellschaften, in denen vielleicht eine kleine Anzahl Menschen die Muße haben mochte, nachzudenken.

Es mag sich zugetragen haben, daß ein Mensch, der über den Tod seines Vaters, Bruders oder Weibes sehr betrübt gewesen ist, die Person im Traum gesehen habe, deren Verlust ihm so nahe ging. Zwei oder drei Träume dieser Art werden eine ganze Völkerschaft in Unruhe versetzt haben. Seht! Ein Toter erscheint Lebendigen! Und doch ist dieser Tote, an dem die Würmer nagen, immer an demselben Ort. Folglich war etwas in ihm, das jetzt herumschweift. Es ist seine Seele, sein Schatten, sein Überbleibsel, eine flüchtige Gestalt von ihm selbst. Dies ist der natürliche Schluß der Unwissenheit, die zu schließen beginnt. Dies ist die Meinung aller bekannten ersten Zeiten und muß folglich auch die Meinung des unbekannten Zeitalters gewesen sein. Der Begriff eines bloß reinen, immateriellen Wesens hat sich dem Verstande solcher Leute nicht anbieten können, die allein die Materie kannten. Es waren Schmiede, Zimmerleute, Maurer, Ackerleute nötig, ehe es einen Mann geben konnte, der zu Betrachtungen Zeit fand. Alle Handwerke sind einige hundert Jahre älter als die Metaphysik.

Nicht Gold und Silber führen zu einem angenehmen Leben, sondern Geist.

Ein Staat, der nur allein sich selbst schuldig ist, kann nicht arm werden, und diese Schulden selbst sind eine Aufmunterung zu Fleiß und Geschicklichkeit.

Das Geld im Kasten! Wenn es dort lag, so war es eine große Torheit. Das Geld ist zum Umlauf gemacht, es ist dazu bestimmt, alle Künste aufleben zu lassen und die Geschicklichkeit der Menschen zu fördern.

Das einzige Erhaltungsmittel des menschlichen Geschlechts beruht auf Städten, welche die großen Herren verachten. Der Handel und der Fleiß dieser Städte haben den Schaden, den die Fürsten mit so viel Lärm anrichteten, in der Stille wieder gut gemacht.

Wenn ein Land aus eigenem Zuwachs reich ist, so hört es niemals auf, reich zu sein, solange der Ackerbau nicht gänzlich liegen bleibt. Die bürgerlichen Kriege erschüttern den Staatskörper wohl, allein sie richten ihn nie gänzlich zugrunde. Die Kaufleute werden desto geschickter, je mehr Kunst es erfordert, sich bei so vielen Unglückswettern zu erhalten.

Versteht man etwa in der Pracht den Aufwand eines reichen Menschen? Allein, soll er denn wie ein Armer leben, er, dessen Pracht und Aufwand ermöglicht, daß die Armen leben? Der Aufwand muß das Wetterglas für das Glück einer Privatperson sein, und die allgemeine Pracht ist das untrügliche Zeichen für ein mächtiges und ansehnliches Reich. Unter Karl dem Großen, unter Franz I., unter dem großen Colbert, unter der heutigen Regierung ist der Aufwand am größten gewesen, oder, was dasselbe heißt, sind die Künste am besten betrieben worden.

Das Gespräch kam auf die Leidenschaften. „Wie sind sie doch verhängnisvoll!“ meinte Zadig. „Sie sind wie die Winde, die die Segel des Schiffes blähen“, erklärte der Eremit, „manchmal bringen sie das Schiff zum Sinken, und doch könnte es ohne sie nicht dahinsegeln. Die Galle macht ärgerlich und sogar krank, doch ohne Galle könnte der Mensch nicht leben. Hier auf unserer Erde ist alles gefährlich und doch alles notwendig“.

Wie es unnötig ist, den Menschen ihr Gesicht zu beweisen, so ist es überflüssig, ihnen ihre Eigenliebe zu begründen. Sie ist das Instrument der Be=

wahrung, der Fortpflanzung unserer Art. Sie ist notwendig, sie ist uns teuer, sie bereitet uns Vergnügen – und man muß sie verstecken.

Bei allem sind menschliche Leidenschaften die Triebfedern.

Die Menschen sind, im Ganzen genommen, töricht, undankbar, neidisch, lüstern nach fremden Gut, sie mißbrauchen ihre Überlegenheit, wenn sie stark sind, und betrügen, wenn sie sich schwach fühlen ... Ich will aber nicht sagen, daß alle Menschen von ihrer Natur unaufhaltsam zu schlimmen Taten hingerissen werden, und daß sie immer Böses tun. Wäre diese fatale Meinung wahr, so würden seit langer Zeit keine Bewohner mehr auf der Erde sein. Denn es ist geradezu kontradiktorisch, wenn man sagt, das Menschengeschlecht müsse sich notgedrungen aufreiben, und es dauert fort.

Ob ich gleich meine Ehre darein setze, sehr tolerant zu sein, so würde ich doch ganz energisch dazu neigen, denjenigen zu strafen, der heute käme und sagte: Meine Herren und Damen, es ist kein Gott, verleumden Sie, schwören Sie falsch, betrügen Sie, stehlen Sie, morden Sie. Es ist alles eins, wenn Sie nur die Stärkeren und Geschickteren sind.

Ich wage zuversichtlich zu sagen, man habe niemals zu befürchten, die Lust zum Selbstmord könnte eine ansteckende Seuche werden, denn die Natur hat uns alle überzeugenden Gegenmittel mitgegeben: Furcht und Hoffnung sind die wirksamsten Kräfte, die den Unglücklichen abhalten, Hand an sich zu legen. Die für den Selbstmord predigen, meinen, es sei erlaubt, sein Haus zu verlassen, wenn man dessen überdrüssig wäre. Allein die meisten Menschen schlafen doch lieber in einem schlechten Haus als unter freiem Himmel.

Selten sind die Menschen gut oder schlecht genug.

Wer glaubt, daß es Gesellschaften gäbe, die sich durch böse Sitten erhalten, der kennt die Menschen schlecht.

Einmal sprach ein alter Mann, der für die Gegenwart nichts als Klagen und für die Vergangenheit nur Lob übrig hatte, mit mir: „Mein Freund, Frankreich ist heute nicht mehr so reich wie unter Heinrich IV., warum? Die Menschen bearbeiten den

Boden nicht mehr so gut und vernachlässigen ihn, und nachdem der Taglohn gestiegen ist, lassen viele Bauern ihre Felder brach liegen.
Wie kommt es zu diesem Arbeitsmangel? Weil jeder nur halbwegs geschickte Sticker, Ziseleur, Uhrmacher, Seidenweber, Anwalt oder Theologe wird, weil jeder, sowie er kann, die mühsame Landarbeit flieht, zu der uns Gott bestimmt hat, und die wir doch so schmählich im Stich gelassen haben.
Auch unsere neuen Bedürfnisse sind eine Ursache unserer Armut. Wir müssen unseren Nachbarn vier Millionen für diesen und fünf Millionen für jenen Artikel zahlen, Kaffee, Tee, Indigo, Gewürze kosten uns mehr als sechzig Millionen jährlich. Wir verbrennen hundertmal mehr Kerzen, wir sehen hundertmal soviele Brillanten an unseren Bürgerfrauen als sämtliche Damen am Hof Heinrichs IV. mit der Königin zusammen besaßen. Und fast dieser ganze unnötige Luxus muß in barem Gold bezahlt werden. Bedenken Sie ferner, daß unsere Bürgerkriege wohl die Schätze Mexikos ins Land zogen, aber daß seit dieser Zeit die Kriege mit anderen Ländern uns die Hälfte unseres Geldes gekostet haben.
Hier liegen zum Großteil die Quellen unserer Armut, die wir unter einer glänzenden Außenseite

durch die Kunst der Modewarenhändler verbergen: wir sind auf geschmackvolle Art arm. Es gibt sehr reiche Finanzleute, Unternehmer, Großkaufleute, ihre Familien sind reich, die Nation ist es nicht.

Von wem werden Ketten geschmiedet? Von der Uneinigkeit.

Torheiten auf beiden Seiten, ist, wie man weiß, die Devise in allen Streitigkeiten.

Bei allen Streitigkeiten kommt es gewöhnlich dahin, daß man die Hauptsache bald beiseite läßt und sich nur mehr um eitles und gleichgültiges Gepränge schlägt.

Die Tugenden bleiben, besonders vor feindlichen Augen, meist verborgen, und allein die Laster kommen ans Tageslicht.

Es hat sich gezeigt, daß der Atheismus die Tugenden der menschlichen Gesellschaft nur in der ruhigen Sphäre des Privatlebens entwickeln kann, daß er aber in den Stürmen des öffentlichen Lebens zu allen Verbrechen führt.

Je mehr sich der Abergläubige auf ungereimte Meinungen und Gebräuche beschränkt, desto gleichgültiger wird er gegen die wahren Pflichten der Menschen.

Wenn auch der Atheismus nicht so unheilvoll wie der Fanatismus ist, so ist er doch fast immer und überall verhängnisvoll für die Sitten.

Der erste Ehrgeizling hat die Erde verdorben. Man wird mir gleich antworten, daß dieses Ungeheuer dann den Keim für den Stolz, den Raub, den Betrug, für die Grausamkeit entfaltet habe, der in allen Menschen wohnt. Ich gebe zu, daß, ganz im allgemeinen, die Mehrzahl unserer Brüder diese Eigenschaften annehmen kann. Aber haben alle Menschen das Fieber, nur weil sie ihm ausgesetzt sind?

Der feile Nutzen, oftmals der Lenker der Geschicke, verkauft den Schwachen der Gemeinheit und dem Verbrechen des Stärkeren.

Nicht alle Armen sind unglücklich. Die meisten von ihnen sind in diesem Zustand geboren, und ständige Arbeit hindert sie, ihre Lage zu empfin=

den, aber sobald sie darüber nachdenken, entstehen soziale Kämpfe . . .

Der Pöbel ist in jedem Lande ungezogen.

Eine zahlreiche Familie hat guten Boden bebaut. Zwei benachbarte Familien haben unfruchtbare Felder. Es ist unausbleiblich, daß die beiden armen Familien der reichen dienen, oder sie bringen sich um. Das ist ohne Schwierigkeiten einzusehen. Eine dieser bedürftigen Familien wird der reichen ihre Dienste anbieten, um sich ihr Brot zu verdienen, die andere wird sie angreifen und unterliegen. Die dienende Familie ist der Ursprung der Arbeiter, die besiegte der Ursprung der Sklaven.

Es gibt Tausende auf der Welt, für die sich das Glücksrad nur einmal umdrehen müßte, um aus ihnen Menschen von wirklichem Verdienst zu machen.

Das Volk, das am meisten arbeitet, ist jederzeit das reichste.

GOTT DER ERKENNTNIS

Sobald man nachdenkt, sieht man augenscheinlich: wenn nicht Etwas von aller Ewigkeit her existierte, müßte Alles durch das Nichts hervorgebracht sein. Unsere Existenz würde alsdann keinen Grund haben. Und dies ist ein ungereimter Widerspruch.

Es hat bei allen Völkern Atheisten gegeben. Aber ich zweifle sehr, ob dieser Atheismus eine völlige Überzeugung, eine klare Überführung gewesen sei, bei welcher sich der Geist, wie bei einer geometrischen Demonstration, beruhigt. War es nicht vielmehr nur eine halbe Überzeugung, die durch die Wut einer heftigen Leidenschaft und durch den Stolz verstärkt wurde, welche beide statt einer gänzlichen Überzeugung dienten?

Würde Gott nicht existieren, so müßte man ihn erfinden.

Ist jemand unter euch — was sage ich? — ist jemand auf der ganzen Welt, der denken könnte,

Gott werde ihn nach theologischen Streitpunkten und nicht nach seinen Handlungen richten? Was ist denn eine theologische Meinung? Eine Idee, die wahr oder falsch sein kann, ohne daß die Moral daran interessiert ist.

Möge jeder in der Religion, in der er geboren ist, Gott dienen, ohne seinen Nächsten über Streitfragen, wobei niemand sich selbst versteht, das Herz ausreißen zu wollen.
Gott, du Vater aller Menschen, du Gott der Erbarmung, mache, daß auf diesem kleinen Balle, der geringsten deiner Welten, alle Schwärmer, alle Verfolger verschwinden!

Der Jesuit: was soll nun aus der Zukunft werden?
Der Brahmane: es mag daraus werden, was da kann. Allein die von einer ewigen und allmächtigen Hand eingeführte Ordnung wird niemals aufhören.
Der Jesuit: also muß man nicht zu Gott beten?
Der Brahmane: man muß ihn anbeten. Doch was versteht ihr unter: zu ihm beten?
Der Jesuit: was alle Welt darunter versteht, ihn bitten, daß er unsere Wünsche erfülle, daß er uns unsere Bedürfnisse stille.

Der Brahmane: ich verstehe euch. Ihr wollt, daß ein Gärtner in der Stunde, die Gott von Ewigkeit her zum Regen bestimmt hat, Sonnenschein er=lange, daß ein Schiffer zu der Zeit, da ein West=wind Erde und Meer erfrischen muß, Ostwind be=kommen soll. Mein Vater, bitten heißt, sich unter=werfen.

Ich wundere mich, daß man unter den zahlreichen gekünstelten Beweisen für das Vorhandensein Gottes gar nicht auf den Einfall gekommen ist, das Vergnügen als Beweis anzuführen. Denn, physisch aufgefaßt, ist das Vergnügen göttlich, und ich bin der Ansicht, daß jedermann, der guten Tokayer=wein trinkt, der ein schönes Weib umarmt, kurz, der angenehme Empfindungen genießt, ein höch=stes, gütiges Wesen anerkennen müsse. Darum haben auch die Alten aus allen Leidenschaften Göttergestalten gemacht. Da uns aber sämtliche Leidenschaften für unser Wohlergehen beschieden worden sind, so meine ich, daß sie die Einheit eines Gottes beweisen, denn sie beweisen die Einheit der Absicht.

Laßt uns also den Aberglauben wegwerfen, damit wir menschlicher werden. Aber wenn wir gegen den Fanatismus sprechen, wollen wir die Fanatiker nicht aufreizen, denn sie sind Kranke im Paroxismus, die ihre Ärzte schlagen wollen. Laßt uns ihre Übel mindern, nie sie erbittern. Laßt uns Tropfen für Tropfen den Balsam der Toleranz in ihre Seele träufeln, den sie mit Abscheu zurückstoßen würden, würde er ihnen in der vollen Schale gereicht werden.

Man hat behauptet, daß es einerseits Übel gäbe, die aus der menschlichen Natur resultieren, andere aber ausdrücklich von Gott geschickt sind. An dieser Klügelei kann man leicht ersehen, wie lächerlich es ist, sich Hagel und Fieber bald als göttliche Strafe, bald als natürliche Wirkung vorzustellen.

Toren sagen: mein Arzt hat meine Tante von einer tödlichen Krankheit geheilt, er hat meiner Tante zehn Jahre Leben geschenkt, die sie ohne ihn nicht gehabt hätte. Er hat deine Tante gerettet, sicherlich, aber nicht gegen die Ordnung der Natur, sondern nur in ihrer Absicht.

Ist es nicht der größte Widersinn, nur der Narren würdig, sich vorzustellen, daß das unendliche Wesen aus besonderer Gewogenheit für drei- oder vierhundert gewisse Ameisen auf diesem kleinen Kothaufen das Spiel seiner unendlichen Kräfte umkehre, die das ganze Universum in Bewegung halten?

Um zu wissen, wie aller Götzendienst und Aber=glauben sich festgesetzt habe, muß man, meiner Meinung nach, dem Gang des menschlichen Ver=standes folgen, der sich selbst überlassen ist. Ein Flecken fast wilder Menschen sieht die Früchte zugrundegehen, die es ernähren sollte. Eine Über=schwemmung zerstört einige Hütten, der Blitz äschert einige andere ein. Wer hat ihnen dieses Übel zugefügt? Das kann niemand von ihren Mit=brüdern sein, denn alle haben gleich gelitten. Es ist also eine geheime Macht, die mit ihnen übel verfahren ist. Man muß sie besänftigen. Wie soll man das anfangen? Man macht es bei ihr, wie bei jenen, denen man gefallen will: Man reicht ihr kleine Geschenke. Es befindet sich eine Schlange in der Nähe, sie mag es gewesen sein, man wird ihr Milch vor die Höhle bringen, in der sie liegt. Nun wird sie heilig. Man ruft sie an, wenn man mit dem Nachbarn Krieg führt, der wieder seiner=seits sich einen Schutzgott gewählt hat. So werden die jungen Völker überhaupt das Wesen, von dem sie argwöhnen, daß es ihnen Böses getan habe, den Meister, den Herrn, das Haupt, den Herrscher nennen.

Jeder Staat hatte also mit der Zeit seine Schutzgottheit, ohne auch nur zu wissen, was ein Gott ist. Ohne daß er sich vorstellen konnte, daß der nächste Staat ebenso gut wie er einen wahren Schutzgott hätte. Es kam nur darauf an, daß man erfahre, welcher von sovielen Meistern, Herrn und Herrschern in einem Krieg der Nationen gegeneinander die Oberhand behalten würde. Doch nichts war gemeiner als die Aufnahme fremder Götter.

Die gesitteten Völker Asiens diesseits des Euphrat beteten die Sterne an. Die Chaldäer verehrten vor der Zeit ihres ersten Zoroasters die Sonne, das taten dann auch die Peruaner auf der anderen Halbkugel. Eine kleine und halbwilde Nation hat nur einen Beschützer, wird sie zahlreich, so vermehrt sie die Zahl ihrer Götter. Die Ägypter begannen ihren Dienst mit der Verehrung der Isis und endeten mit der Anbetung der Katzen. Der erste Dienst der bäurischen Römer war dem Mars gewidmet, sobald sie aber die Herren von Europa waren, der Göttin des ehelichen Beischlafs und dem Gott der geheimen Gemächer. Und doch erkannten Cicero, alle Philosophen und alle in die

Geheimnisse Eingeweihten einen höchsten und allmächtigen Gott. Die Vernunft hatte sie alle zu dem Punkt zurückgeführt, von dem aus der Instinkt der wilden Menschen ausgegangen war.
Da die Natur überall dieselbe ist, so haben die Menschen in allen den Dingen, die dem Leben am wichtigsten sind und die Einbildungskraft am heftigsten bewegen, allerorten dieselben Wahrheiten annehmen und dieselben Irrtümer begehen müssen.

Eine wahre Religion muß für alle Zeiten und überall wahr sein. Sie muß sein wie das Licht der Sonne, das allen Völkern und allen Generationen leuchtet.

Spricht man von Moral und Religion, so macht es keinen Unterschied, ob man untätige Götter annimmt, die weder strafen noch belohnen oder gar keinen.

Nur Gott ist immer derselbe, und während fast auf der ganzen Erdkugel zahllose Sekten Kriege gegeneinander führen, ruht die Wahrheit still vor dem Thron des Ewigen. Nur selten trifft ihr Strahl den stolzen Sterblichen. Wer sie aus ehrlichem Herzen sucht, wird dereinst zu ihr gelangen. Dir, der du

Verlangen nach ihr trägst, wird die Erleuchtung gegeben.

In jeder Religion findet man einen höchsten Gott, der über alles gebietet, und jede Religion wurde eingeführt, die Menschen etwas zu bessern.

Die Religion muß mit der Moral homogen und, wie diese, allgemein sein.

Wenn wir die Sprüche Christi betrachten, so finden wir darin die Liebe Gottes und des Nächsten, also die allgemeine Moral.

Daß die Menschen an einen Gott glauben, der straft und belohnt, ist durchaus nützlich.

Gott nimmt unsere Anbetung, unsere Bitten, unsere Zeremonien an, weil sie für uns, nicht weil sie für ihn notwendig sind.

Zuverlässig besteht die Religion in Tugend und nicht in den Worten der Theologen. Die Moral kommt von Gott und ist überall gleich. Die Theologie stammt von den Menschen, sie ist überall verschieden.

Fast alles, was über die Anbetung eines höheren Wesens und die Unterordnung des Herzens unter dessen ewig sich gleich bleibende Gebote hinausgeht, ist Aberglaube.

Es ist falsch zu sagen, nicht auf Gott zu setzen wäre soviel, wie behaupten, daß Gott nicht ist. Denn derjenige, der zweifelt und verlangt, sich aufzuklären, setzt sicherlich weder für noch gegen Gott. Darüber hinaus ist mein Interesse an einem Gegenstand noch keineswegs ein Existenzbeweis für diesen Gegenstand.

Der Anblick eines Kruzifixes, das Bild eines frommen Mannes war schon imstande, das Herz zur Tugend aufzumuntern. Denn das Herz will freilich, besonders in den südlichen Gegenden, sinnliche Gegenstände haben.

Die Einfalt des Glaubens der ersten Zeiten verschwand unter der Menge an Streitfragen, die menschliche Neugier hervorbrachte. Denn da der Stifter der Religion nichts geschrieben hatte, und die Menschen doch alles wissen wollten, so erregte jedes Geheimnis verschiedene Meinungen, und jede Meinung kostete Blut.

Die Erkenntnis eines Gottes, Schöpfers, Belohners und Rächers ist entweder die Frucht gepflegter Vernunft oder der Offenbarung.

Man glaubt, man ruft an, was man fürchtet. Alle Kinder sehen den Himmel mit Gleichgültigkeit. Aber wenn der Donner rollt, zittern sie und laufen sich verstecken.

Die Bibel macht den unruhig, der gelehrt, und tröstet den, der ein rechtschaffener Mensch sein will.

Die Ketzereien sind allem Anschein nach Früchte einer mittelmäßigen Wissenschaft und der Langeweile.

Kaum hatte die christliche Religion den Thron bestiegen, so wurde ihre Heiligkeit durch Christen, die nicht Christen genannt zu werden verdienen, schon wieder entheiligt.

Die herrlichen Früchte der Religion und die Widerwärtigkeiten, die sich die Menschen selbst dadurch zuzogen, daß sie ein Werkzeug ihrer Leidenschaften daraus machten . . .

Die Atheisten sind meist gewagte und irregeleitete Gelehrte, die falsche Schlüsse ziehen, und die, weil sie die Schöpfung, den Ursprung des Bösen und anderer Schwierigkeiten nicht verstehen können, und ihre Zuflucht bei der Hypothese von der Ewigkeit alles Gegenständlichen nehmen.

Wenn die Gesetze des Staates die offenbaren Verbrechen bestrafen, so müssen wir auch einen Gott verkünden, der die geheimen ahndet.

Sie selbst sagen, daß der Glaube an Gott ... einige Leute von Verbrechen abgehalten hat: das allein genügt mir schon. Wenn dieser Glaube auch nur zehn Morde und zehn Verleumdungen verhindert hat, sollte ihn meiner Meinung nach die ganze Welt begrüßen.

Ihr wißt nicht, was Gott ist und wie er strafen und belohnen wird, aber das wißt ihr, daß er die höchste Vernunft, die höchste Gerechtigkeit ist, und das ist genug.

Über den Glauben an Gott: Wer ist vom wahren Glauben erfüllt? Wer ist „Deist“? Derjenige, der zu Gott sagt: ich bete dich an und ich diene dir.

Derjenige ist es, der zum Türken, zum Chinesen, zum Indianer und zum Russen sagt: ich liebe dich. Es ist nach dem buchstäblichen Verstande nichts gewisser, als was der Kanzler Bacon gesagt hat, daß nämlich ein wenig Philosophie den Menschen zum Atheisten, viel Philosophie hingegen zur Erkenntnis eines Gottes führe. Solange man mit Epikur glaubte, daß der blinde Zufall regiere, oder mit Aristoteles und verschiedenen alten Gelehrten der Meinung war, daß nur die Fäulnis Neues hervorbringe und daß die Welt von Materie und Bewegung allein lebe, solange konnte man nicht an die Vorsehung glauben. Allein seitdem man die Natur beobachtete, um ihren Gesetzen zu folgen, seitdem man wahrgenommen hat, daß alles seinen Keim hat, seitdem man mit Zuverlässigkeit erkannt hat, daß ein Pilz ebensoviel wie jede Welt das Werk einer unendlichen Weisheit ist – seitdem haben die, welche denken, angebetet, wo ihre Vorgänger Gotteslästerungen verbreiteten. Die Naturkünder sind die Herolde der Vorsehung geworden; ein Katechet lehrt Gott den Kindern, ein Newton beweist ihn den Weisen.

Wer in Gott nur ein unendlich mächtiges Wesen und in seinen Geschöpfen bloß wunderbare Maschinen sieht, der hat ebensowenig Religion wie ein

Europäer, der den König von China bewundert, ein Untertan dieses Fürsten ist. Allein derjenige, der glaubt, daß Gott zwischen sich und die Menschen ein Verhältnis zu setzen für nötig befunden hat, daß er sie frei, zum Guten und Bösen fähig geschaffen und allen die gesunde Vernunft, diesen Naturtrieb des Menschen, worauf das natürliche Gesetz gegründet ist, mitgeteilt hat, wer das glaubt, hat eine Religion. Unsere geoffenbarte Religion selbst ist und kann nichts anderes sein als dieses natürliche Gesetz.

Sagt nicht, daß wir euch Indifferenz predigen, wenn wir euch Toleranz empfehlen. Nein, meine Brüder! Wer Gott anbetet und den Menschen Gutes tut, ist nicht indifferent!

Hat sich etwa das höchste Wesen denen geoffenbart, die als erste lehrten, man müsse einen Gott fürchten und lieben, der das Laster straft und die Tugend belohnt? Nein, gewiß nicht! Gott sprach nie mit Thaut, dem Gesetzgeber der Ägypter, mit dem Brahma der Inder, dem Orpheus der Thrakier, mit dem Zoroaster der Perser. Aber bei allen Nationen fanden sich Menschen, die Verstand genug hatten, diese nützliche Lehre zu predigen, so=

wie es Menschen gab, die durch die Kräfte der Vernunft Arithmetik, Meßkunst und Sternkunde unterrichten.

Die Religionen dauern allzumal länger als die Reiche.

Die Liebe zum Wunderbaren und die Lust am Außergewöhnlichen haben zu allen Zeiten und überall den menschlichen Verstand getrübt. Die christliche Religion allerdings wurde durch so starke Gründe unterstützt, daß dieses ganze Heer von Irrtümern sie nicht erschüttern konnte. Man schied das reine Gold aus allen diesen Vermischungen, und die Kirche gelangte stufenweise zu dem Stande, in dem wir sie jetzt sehen.

Meine Brüder, die Religion ist die geheime Stimme Gottes, die zu allen Menschen spricht. Sie muß sie alle vereinigen, nicht trennen. Folglich ist jede Religion, die nur ein Volk hat, die falsche. Die unsere ist in ihrem Grundwesen die der ganzen Welt, denn wir beten wie alle Nationen ein höchstes Wesen an, wir üben die Tugend aus, die alle Nationen lehren, und verwerfen alle Lügen, worüber sie einander Vorwürfe machen. Wir sind also mit ihnen in dem Prinzip, das sie zusammen verbindet, eins, und in den Dingen, worüber sie sich streiten, von ihnen verschieden.

Wo war jemals ein großes Volk ohne Religion? Dafür gibt es kein Beispiel.

Wenn Jesus Christus heute wieder auf die Erde käme, würde er sich in einem einzigen von denen wiedererkennen, die sich den Namen Christ geben?

Je weniger Dogmen, desto weniger Streit, und je weniger Streit, desto weniger Unglück.

Welche Religion ist unter allen am wenigsten zu tadeln? Diejenige, bei der man weniger Dogmen und mehr Tugend antrifft. Welche ist die beste? Die einfachste.

Du sollst Gott und deinen Nächsten lieben. Dieses Gesetz ist einfach, denn es ist göttlich. Jesus hat nie etwas anderes befohlen. Diese wenigen Worte fassen alles in sich. Alle Völker haben sie zu allen Zeiten verstanden, sie sind in alle Herzen gegraben.

Unter soviel verschiedenen Religionen gibt es nicht eine, deren Hauptzweck nicht die Sühne ist.

Wenn aus den Evangelien nicht eindeutig hervor=geht, ob Jesus den letzten oder den vorletzten Abend vor dem jüdischen Passah=Fest gekreuzigt worden ist, so ist es doch sehr deutlich, daß wir alle Tage im Jahr, die vor oder nach diese Zere=monie fallen, rechtschaffene Leute sein sollen.

Allerdings hat Gott uns nicht gesagt, daß wir frei seien, er läßt sich nicht herab, mit uns zu reden. Aber in unsere Herzen hat er ein Gefühl gepflanzt, das durch nichts abgeschwächt werden kann, und dies bedeutet für uns die Stimme Gottes.

Wären wir immer frei, wir wären, was Gott ist.

Erkenne dich selbst! ist ein vorzüglicher Rat. Aber nur Gott kann ihn befolgen. Wer außer ihm könnte sein Wesen erkennen?

Wir kennen das nicht, was in uns denkt, infolge=dessen können wir nicht wissen, ob dieses unbe=kannte Wesen unseren Körper nicht überleben kann. Es ist physisch möglich, daß sich in uns

eine unzerstörbare Monade, eine verborgene Flamme, ein Partikel des göttlichen Feuers befindet, das unter verschiedenen Gestalten ewig fortdauert.
Ich will nicht sagen, dies sei bewiesen. Aber ohne die Menschen betrügen zu wollen, kann man behaupten, daß wir ebensoviel Grund haben, an die Ewigkeit des denkenden Wesens zu glauben als sie zu leugnen. Alle gebildeten Nationen sind sich darin eins.

Sollten wir annehmen: ein höchstes, notwendig gutes Wesen überlasse die Erde einem untergeordneten Wesen, um sie zu verwüsten, einem Kerkermeister, der uns auf die Folter bringe? Das hieße, aus Gott einen feigen Tyrannen machen, der es nicht wagte, selbst Böses zu tun, der es aber unaufhörlich durch seinen Sklaven tun lasse.
Sollten wir sagen, es gäbe ein böses Prinzip, das die Werke eines wohltätigen verderbe oder abscheulich mache? Aber warum bringt dieses böse Prinzip nicht den Lauf des übrigen Teils der Natur in Unordnung? Warum sollte es so begierig danach sein, einige schwache Geschöpfe auf einem so armseligen Balle zu quälen, indessen es vor den anderen Werken seines Feindes Ehrfurcht hätte?

Was bleibt uns also übrig? Eben das, was alle Weisen des Altertums in Indien, Chaldäa, Ägypten, Griechenland und Rom angenommen haben, nämlich der Glaube, daß uns Gott aus diesem unglücklichen Leben in ein besseres versetzen, und daß dieses die Entwicklung unserer Natur sein werde. Denn es ist offensichtlich, daß wir schon verschiedene Arten von Existenzen gehabt haben. Wir waren schon, ehe neu zusammengefügte Organe uns in der Gebärmutter eingeschlossen hielten. Unser Wesen war neun Monate lang sehr verschieden von dem, was es vorher war. Das Kind glich dem Embryo nicht. Das reife Alter hatte nichts von der Kindheit. Also kann uns auch der Tod eine andere Art von Existenz geben.

Gott bitten ist so viel, wie sich schmeicheln, daß man mit Worten die ganze Natur verändern könne.

Ich würde meine schwache Vernunft sehr mißbrauchen, wenn ich ein Wesen verstehen wollte, das seiner und meiner Natur nach unbegreiflich sein muß. Ich würde einem Toren gleichen, der, wenn er wüßte, ein Haus sei von einem Architekten gebaut, nun glaubte, dieser bloße Begriff sei schon hinreichend, auch dessen Persönlichkeit von Grund auf zu kennen.

Mein Bruder, da du Gott liebst, da du tugendhaft bist, so segne deine Geburt statt sie zu verfluchen. Du hast mit Dank angefangen, endige auch so. Lebe, um dem Wesen der Wesen und seinen Geschöpfen zu dienen ... Laßt uns gerecht, wohltätig, duldsam sein, weil dies das Schicksal der Menschen und das unsrige ist ... Ist uns denn übrigens aller Trost versagt? Kann nicht in uns ein unzerstörbarer Urstoff vorhanden sein, der in der Ordnung der Dinge wieder zum Vorschein kommt! Gesellen wir zu unseren Tugenden auch noch die Tugend der Hoffnung, dulden wir in diesem kurzen Leben die tyrannischen Dummheiten, die wir nicht verhindern können und seien wir bloß darauf bedacht, über das höchste Wesen keine zu sagen.

Wir sind alle von einer Religion, ohne es zu wissen. Alle Völker von den äußersten Grenzen Japans bis an die Felsen des Atlas-Gebirges beten einen Gott an. Sie sind Kinder, die in verschiedenen Sprachen zu ihrem Vater rufen.

GLÜCK DER LIEBE

Der Anblick einer schönen Frau stimmt mild. Muß man nicht zugeben, daß Gott die Frauen einzig und allein dazu geschaffen hat, die Männer zu bändigen?

Die Damen sind es, durch die man sein Glück macht.

Zartgefühl – so behauptet man – ist von der Liebe unzertrennlich und macht manchmal ihren Reiz, aber öfter ihre Langeweile aus.

So sind alle jungen Männer von einem Ende der Welt bis zum anderen: und wenn sie gleich eine vom Himmel herabgestiegene Schönheit liebten, in gewissen Augenblicken würden sie ihr trotzdem mit einem Schankmädchen die Treue brechen.

Die Liebe tilgt jeden Eigennutz.

Der gute Geschmack ist uns in der Literatur ebenso wichtig wie den Frauen, sich gut zu kleiden.

Eine unterdrückte oder zurückgedrängte Leidenschaft bricht hervor, die befriedigte Liebe versteht, sich zu verbergen.

Die Gesellschaft richtet sich nach der Frau.

Freundschaft ist die Ehe der Seelen.

Melinde: Erast geht weg, und ich finde Sie in tiefes Staunen versunken. Erast ist jung, schön, voll Geist, reich, liebenswürdig, und ich verzeihe Ihnen, daß Sie tiefsinnig sind.
Sophronie: Er ist so, wie Sie sagen, ich gestehe es Ihnen ein.
Melinde: Und liebt Sie überdies.
Sophronie: Auch das gestehe ich zu.
Melinde: Ich glaube, Sie sind nicht unempfindlich für ihn.
Sophronie: Meine Freundschaft scheut sich nicht, Ihnen dieses dritte Geständnis abzulegen.
Melinde: Nun immer mit dem vierten heraus! Sie werden Erast bald heiraten?
Sophronie: Das werde ich nie, muß ich Ihnen mit meiner bisherigen Offenheit bekennen.
Melinde: Wie, sollte sich Ihre Mutter einer so vorteilhaften Partie widersetzen?

Sophronie: Nein, sie läßt mir völlige Freiheit. Ich liebe Erast und werde ihn nie heiraten.
Melinde: Welche Gründe haben Sie denn, so tyrannisch gegen sich selbst zu sein?
Sophronie: Die Besorgnis, tyrannisch behandelt zu werden. Erast hat Geist, allein einen herrschsüchtigen und verletzenden Geist. Er besitzt Annehmlichkeit, allein er würde in Kürze mehr für andere als für mich davon Gebrauch machen. Ich habe eine heftige Neigung für Erast, doch ich habe seinen Charakter studiert, er widerstreitet meiner Neigung zu sehr. Ich will glücklich sein, und bei ihm würde ich es nicht. Ich will Arist heiraten, den ich schätze und zu lieben hoffe.

Nichts regt mehr zur Tugend an als die Gemeinschaft und das Urteil einer Freundin, deren Achtung man gewinnen möchte.

Die Sprache des Herzens kennt keine Etikette ...

Willst Du Dir eine Vorstellung von der Liebe bilden, so sieh den Sperlingen im Garten zu, den Tauben, beobachte den Hengst, den man zu Deiner Stute führt ... Die meisten Tiere, die sich verbinden, genießen sich nur durch einen einzigen

Sinn, und wenn der Trieb gestillt ist, ist auch schon alles vorüber.

Kein Lebewesen außer Dir kennt die Umarmung. Dein ganzer Körper ist bereit zu empfinden. Vor allem Deine Lippen genießen mit Wonne ohne Überdruß, und dieses Vergnügen kennt nur das Menschengeschlecht. Und Du kannst Dich jederzeit der Liebe ergeben, die Tiere haben dafür nur die ihnen zugemessene Zeit.
Wenn Du diesen Vorrang recht bedenkst, wirst Du mit dem Grafen Rochester sagen: „Die Liebe führt in einem Land voll Atheisten zur Anbetung Gottes."

„Wenn man von einer schönen Frau geliebt wird", sagte der große Zoroaster, „kommt man auf dieser Welt stets gut davon."

Wie den Menschen die Gabe verliehen ist, alles, was ihnen die Natur gewährt, zur Vollkommenheit zu entwickeln, so haben sie die Liebe vollkommen gemacht ... Alle anderen Gefühle sind dann in dem der Liebe vereint, wie die Metalle sich mit Gold verschmelzen.

SKEPTISCHE WEISHEIT

Worum handelt es sich denn überhaupt? Darum, glücklich zu sein. Ist es nicht gleichgültig, dumm oder klug zu sein? Mehr noch: die Leute, die sich ihres Lebens freuen, wissen sicher, daß sie glücklich sind, aber diejenigen, die grübeln, wissen nicht sicher, ob sie auch richtig denken. Es zeigt sich also, daß man besser daran wäre, auf die Klugheit zu verzichten, denn diese gefährdet unser Glück. Alle waren darin mit mir einig, doch fand ich niemanden, der darauf einging, um den Preis der Klugheit glücklich zu werden. Daraus muß ich erkennen, daß wir viel mehr Wert auf die Vernunft legen. Aber überlegt man recht, so muß es recht unsinnig erscheinen, der Vernunft vor dem Glück den Vorzug zu geben. Wie läßt sich dieser Widerspruch erklären? Wie alle anderen. Und darüber ließe sich viel reden.

„Du hast recht", sagte mein Brahmane. »Ich habe mir hundertmal gesagt, daß ich glücklich wäre, wenn ich so einfältig sein könnte wie meine Nachbarin; und dennoch wünsche ich mir dieses Glück nicht."

Wir wollen uns belehren und uns bemühen, den Schwachen kein Ärgernis zu geben. Das ist sehr schwer, wenn man die Wahrheit sagen will.

Wenn man lange genug gestritten und gesehen hat, daß aus allen Streitigkeiten den Menschen weiter nichts als Schaden und Nachteil erwachsen, so kommt man endlich so weit, sich wechselseitig zu dulden, und das ist unstreitig das beste, was man tun kann.

Ohne Redlichkeit kann man nicht auf den Erfolg zählen.

Das schönste Geschenk, das Gott den Menschen gab, war die Notwendigkeit zu arbeiten.

Es gibt keine Tugend, die nicht mit Gefahren verbunden wäre.

Wenn man sich einbildete, glücklich zu sein, wäre man es!

Ich stimme mit Ihnen überein, daß das Leben nicht viel wert ist. Wir ertragen es nur durch die Kraft eines fast unbesiegbaren Triebes, den uns die Natur gegeben hat. Aber sie hat diesem Trieb das Unterste, Tiefste der Büchse der Pandora hinzugefügt: die Hoffnung.

Unser Leben ist eine Wohltat, denn wir alle lieben es, so elend es auch werden mag.

Man erregt niemals Aufmerksamkeit, wenn man nicht durch sich selbst etwas ist.

Gefahr bietet Reiz, und manche Mühe bringt Vergnügen.

Ich gehorche in aller Demut. Die Demut, glaube ich, ist die Bescheidenheit der Seele, denn die äußere Demut ist nur Höflichkeit. Die Demut kann nicht darin bestehen, sich selbst die Überlegenheit abzuleugnen, die man über einen anderen erlangt hat. Ein guter Arzt kann es sich nicht verhehlen, daß er mehr versteht als sein Patient, der im Wahnsinn liegt. Derjenige, der Sternkunde lehrt, muß sich eingestehen, daß er gelehrter ist als sein Schüler. Demut ist nicht Wegwerfung seiner selbst, sondern ein temperierendes Mittel wider die Selbstliebe, sowie die Bescheidenheit gegen den Stolz.

Niemand schämt sich dessen, was er in Gesellschaft begeht.

Ich finde, von allen Geißeln ist die Angst die schlimmste.

Man muß nicht alles tun, was leicht zu tun ist.

Je mehr Albernheiten man seinem Gegner zuschreibt, desto mehr glaubt man, selbst frei davon zu sein.

Alle Menschen lieben ihren Vorteil, nur verstehen nicht alle dasselbe darunter.

Ein Dummer findet stets einen noch Dümmeren, der ihn bewundert.

Leidenschaft und Rachsucht behalten sehr oft auch über den Eigennutz die Oberhand.

Wie weit erstrecken sich denn unsere Verbrechen und wo hören sie auf? Das hängt davon ab, ob unsere Leidenschaften mehr oder minder heftig sind, unsere Gewalt größer und unsere Vernunft stärker ist.

Diejenigen, die uns zu helfen imstande sind, kön=
nen uns ebensogut schaden.

Ich verlange nichts anderes, als daß man mit Standhaftigkeit wolle.

Die Briefe, die man ohne jede besondere Absicht und Kunstanwendung schreibt, sind wie eine na=
türliche Unterhaltung.

Die Anmut und die Sicherheit der Konversation ist ein ebenso wirkliches Vergnügen wie das eines Rendezvous in der Jugend.

Um Vergnügen zu haben, bedarf es ein wenig der Leidenschaft, bedarf es eines großen Gegenstan=
des, der interessiert, eines entschlossenen Verlan=
gens sich zu unterrichten, das die Seele ununter=
brochen beschäftigt. Das ist schwer zu finden und ergibt sich nicht von selbst.

Ein Herz, das frei sein will, kann seine Freiheit haben.

Was ist die Tugend, mein Freund? Gutes tun. Tun wir es, das genügt.

WAHRHEIT IN DER FABEL

Brauchen wir nun schon einmal die Fabeln, so sollten sie ein Sinnbild der Wahrheit sein. Ich mag die Fabeln der Philosophen gern, ich lache über die der Kinder, aber ich verabscheue die der Betrüger.

Die Fabel bildet den Geschmack und macht keinen Menschen zum Götzendiener.

Leuten, die nur auf die Ereignisse sehen, scheint die Geschichte die Vorsehung anzuklagen – durch die Fabeln wird sie gerechtfertigt.

Wie man auch beginnt, man kommt schließlich zu der Fabel des guten Greises zurück, der seine Kinder glauben läßt, in seinem Acker sei ein Schatz vergraben. Sie graben, um ihn zu suchen, das ererbte Land um und sehen ein, daß die Arbeit der Schatz sei.

Wir kennen die hübsche Fabel von Crantor: Bei den olympischen Spielen erscheinen die Wohlha=

benheit, die Wollust, die Gesundheit und die Tugend, jede will für das höchste Gut der Menschen gelten und verlangt den Preis für sich. Die Wohlhabenheit sagt: „Ich bin das höchste Gut, denn wer mich besitzt, kann alles andere kaufen." Die Wollust erklärt: „Mir gehört der Preis, denn man wünscht sich den Reichtum nur, um mich zu besitzen." Die Gesundheit meint, daß es ohne sie keine Wollust gäbe und der Reichtum nichts nütze. Endlich setzt die Tugend der versammelten Menge auseinander, daß man sich trotz Gold, Vergnügungen und Gesundheit sehr elend fühlen wird, wenn man sich der Tugend enthält. Der Tugend reichte man den Preis.

Man weiß, daß im Anfang der Stiftung der Quinzevingt, der Blinden, alle einander gleich waren, und daß alle Streitsachen durch die Mehrheit der Stimmen entschieden wurden. Sie unterschieden ungemein richtig durch das Gefühl Kupfermünze und Silbermünze, keiner von ihnen verwechselte je Vin de Brie mit Burgunder. Ihr Geruch war feiner als der ihrer Nachbarn, die zwei Augen hatten, und sie lebten so friedlich und glücklich, wie Quinzevingt sein können.

Zum Unglück behauptete einer ihrer Professoren,

klare Begriffe vom Sehen zu haben. Er verschaffte sich Anhänger, intrigierte, versammelte enthusiastische Bewunderer um sich. Endlich war er Oberhaupt seiner Kameraden. Nunmehr war alles verloren.

Dieser erste Diktator der Quinzevingt formte sogleich ein kleines Konzil, mit dessen Hilfe er sich aller Almosen bemächtigte. So kam es, daß ihm niemand mehr zu widerstehen wagte. Er entschied, alle Kleider der Quinzevingt wären weiß. Die Blinden glaubten es, sie sprachen alle von ihren schönen weißen Kleidern, obwohl kein einziges von dieser Farbe bei ihnen vorhanden war. Jedermann beschwerte sich über sie, und darüber beschwerten sich die Quinzevingt bei ihrem Diktator, der sie aber sehr übel aufnahm. „Ihr seid Neuerer, unruhige Geister, Rebellen", schnaubte er sie an, „laßt euch durch falsche Meinungen von Leuten verführen, die Augen haben, und wagt es, an der Unfehlbarkeit eures Herrn zu zweifeln!" Durch diese Fehde entstanden zwei Parteien. Um sie zu besänftigen, ließ der Diktator das Endurteil ergehen, daß ihre Kleider rot wären. Im ganzen Haus gab es kein rotes Kleid. Man hatte sie darüber mehr denn je zum besten. Einige führten von neuem Beschwerde. Der Diktator war darüber wütend, die anderen Blinden wurden es auch. Man schlug sich lange Zeit, und Friede und Eintracht wurden nicht eher wiederhergestellt, als bis es allen Quinzevingt erlaubt wurde, sich ihr Urteil über die Farbe ihrer Kleider selbst zu bilden.

Ein Tauber las diese kleine Geschichte und gestand, daß die Blinden unrecht hätten, über Farben urteilen zu wollen. Allein er blieb fest der Meinung, daß es nur den Tauben zustände, über Musik zu urteilen.

Die indischen Fabeln sind der Ursprung vieler griechischen. Ihre Mythologie hat mit der der abendländischen Dichter so viel Ähnlichkeit, daß man im indischen Amphitryon leicht das Original des thebanischen erkennen könnte.

Man findet Amphitryons Abenteuer unter den alten Fabeln der Brahmanen. Es ist sogar meiner Meinung nach in der Entwicklung des indischen Abenteuers mehr Scharfsinn als im Ausgang des griechischen. Ein Mann von außerordentlichen Kräften hatte eine sehr schöne Frau, aus Eifersucht schlug er sie und ging fort. Ein lustiger Patron von einem Gott, nicht ein Brahma oder ein Vistnu, sondern ein Gott aus dem Unterhause, und doch sehr mächtig, ließ seine Seele in einen

Körper übergehen, der dem des flüchtigen Mannes ganz ähnlich war, und stellte sich in dieser Gestalt der verlassenen Dame vor.
Die Lehre der Seelenwanderung macht diese Betrügerei wahrscheinlich. Der verliebte Gott bat seine vorgebliche Frau wegen des ungestümen Benehmens um Verzeihung, wurde in Gnaden aufgenommen, schlief bei ihr, zeugte ein Kind und blieb Herr im Hause. Voll Reue und immer noch verliebt in seine Frau, kehrte der Mann zurück, um sich ihr zu Füßen zu werfen. Er fand ein anderes Ich im Besitz aller seiner Güter. Dieses andere Ich behandelte ihn als einen Zauberer und Betrüger. Die Sache wurde vor einen scharfsinnigeren Richter gebracht als es unsere europäischen Richter sind. Dieser Richter war ein Brahmane, der gleich verriet, daß einer der beiden Herren angeführt und der andere ein Gott wäre. Um herauszubringen, welcher der richtige Mann sei, fing er es folgendermaßen an: „Ihr Gemahl, Madame“, sagte er, „ist als rüstiger Mann in Indien bekannt. Gehen Sie mit beiden Parteien, einem nach dem anderen, im Beisein unseres Indischen Parlaments zu Bette. Wer von den beiden die zahlreichsten Proben seiner Männlichkeit abgelegt hat, ist unstreitig Ihr Gemahl.“

Der Mann gab zwölf Beweise, der Betrüger fünfzig. Das ganze Indische Parlament entschied, daß der Mann mit den fünfzig Beweisen der wahre Eigner der Dame sei.
„Ihr irrt insgesamt", sagte der erste Präsident, „der Mann mit den zwölf Beweisen ist ein Held, allein, er ist nicht über die Kräfte der menschlichen Natur hinausgegangen, der Mann mit den fünfzig kann nichts als ein Gott sein, der sich mit uns ein Späßchen gemacht hat."
Der Gott gestand alles und kehrte lachend in den Himmel zurück.

Memnon faßte eines Tages den törichten Entschluß, vollkommen weise zu sein. Wo gibt es einen Menschen, dem dieser Wahn nicht schon einmal zu Kopf gestiegen wäre? Memnon sagte sich: „Um ganz weise, also auch ganz glücklich zu sein, muß man nur ohne Leidenschaften leben, und bekanntlich ist nichts leichter als das. Vor allem will ich nie eine Frau lieben. Denn ich brauche diese Frau nur so anzuschauen, wie ich sie später einmal sehen werde, dann wird sie mir mit ihrem Kopf nicht mehr den meinen verdrehen.
Ich werde auch stets mäßig leben. Die köstlichsten Speisen, ausgezeichnete Weine, die Verlockungen

einer fröhlichen Gesellschaft können mir dann nichts mehr anhaben, denn ich brauche mir nur die Folgen der Prasserei, den unklaren Kopf, den schweren Magen, den Verlust an Verstand, Wohl=befinden und Zeit vor Augen zu halten, und ich werde nur mehr essen, um den Hunger zu stillen. Meine Gesundheit wird immer gleich gut sein, meine Gedanken werden klar und scharf bleiben. Das alles ist so leicht, daß es kein Verdienst sein kann, danach zu leben.

Dann muß ich auch an meine finanziellen Ver=hältnisse denken. Meine Bedürfnisse sind beschei=den, ich habe mein Vermögen bei dem Obersteuer=direktor in Ninive sicher aufbewahrt – ich habe zu leben und bin unabhängig, das ist höchstes Glück. Ich werde nie in die Lage kommen, bei Hof aufwarten zu müssen, auch das ist erfreulich. Ich habe Freunde", setzte Memnon seine Be=trachtungen fort, „und ich werde sie nicht ver=lieren, denn sie werden mir nichts vorzuwerfen haben, das kann nicht schwierig sein."

Nachdem Memnon diesen Weisheitsplan in seinen vier Wänden entworfen hatte, steckte er den Kopf zum Fenster hinaus und sah zwei Frauen unter den Platanen spazierengehen. Die eine war alt, die andere jung und hübsch und von Sorgen anschei=

nend schwer bedrückt. Sie seufzte und weinte und war dadurch nur noch reizender. Memnon, unser Weiser, war gerührt, aber nicht von der Schönheit der Dame – vor einer solchen Schwäche fühlte er sich gefeit – sondern vom Kummer, den er bezeugen konnte. Schnell lief er hinunter und holte die Dame auch ein, um sie mit Weisheit zu trösten. Mit der harmlosesten und rührendsten Miene erzählte ihm die Schöne, welches Unrecht ihr ein Onkel angetan habe, und wie sie sich fürchte, er könnte ihr auch noch Gewalt antun. „In Ihnen sehe ich einen Mann, der mir gut zu raten weiß“, sprach sie zu Memnon, »kommen Sie mit mir, ich bin überzeugt, daß Sie mich aus der peinlichen Situation befreien können.“ Memnon zögerte keinen Augenblick.

Die betrübte Schöne führte ihn in ein wohlduftendes Zimmer, und sie nahmen beide auf einem breiten Divan mit gekreuzten Beinen Platz. Ihre Unterhaltung wurde sehr erregt, und jedesmal, wenn sie sich anblickten, immer mehr. Memnon tröstete sie aus solcher Nähe, gab ihr so zarte Ratschläge, daß beide bald nicht mehr von Geschäften sprechen konnten und gar nicht mehr wußten, wo sie sich befanden. Während sie so beieinander waren, kam jener Onkel. Von Kopf bis Fuß bewaffnet, schrie er, er wolle auf der Stelle die Nichte und den weisen Ratgeber umbringen, dies sei sein Recht. Die Nichte beschwichtigte schließlich seinen Zorn so weit, daß der Onkel um viel Geld zu verzeihen bereit war. Memnon mußte alles hergeben, was er hatte.

Beschämt und unglücklich kehrte Memnon nach Hause zurück und fand dort ein Briefchen, womit ihm einige gute Freunde zum Diner einluden. Er geht hin. Sie finden ihn etwas griesgrämig und setzen ihm zu trinken vor, um seine Trauer zu verscheuchen. Ein wenig Wein, mäßig genossen, ist Balsam für Leib und Seele, denkt der weise Memnon, und betrinkt sich. Nach dem Essen ladet man ihn zum Spiel. Ein ehrenwertes Spiel mit guten Freunden ist ein ungefährlicher Zeitvertreib. Er spielt, man gewinnt ihm sein restliches Geld ab und ein Vielfaches davon auf Ehrenwort. Man gerät in Streit, einer seiner Freunde wirft ihm den Würfelbecher an den Kopf und sticht ihm ein Auge aus. Der weise Memnon wird betrunken, ohne Geld und um ein Auge ärmer nach Hause gebracht.

Sobald er seinen Rausch ausgeschlafen und seinen Kopf wieder frei hat, begibt sich Memnon ganz außer sich, mit einem Pflaster über dem Auge und mit einer Bittschrift in der Hand zum König. Memnon küßt dort dreimal den Fußboden und überreicht das Gesuch. Seine huldvolle Majestät nimmt es wohlwollend entgegen und reicht es einem Satrapen weiter, um sich Bericht erstatten zu lassen. Der Satrap nimmt Memnon beiseite und sagt höhnisch lächelnd: „Sie sind mir ein drolliger Einauge! Sie wenden sich ja an den Kö=nig und umgehen mich. Geben Sie sich weiter keine Mühe, mein lieber Freund, wenn Ihnen das restliche Auge lieb ist."

So erging es dem weisen Memnon. In seinen Schmerz versunken, kam er heim und legte sich nieder. Fiebernd schlief er ein. Da erschien ihm ein Engel der himmlischen Geister im Traum.

Der Geist strahlte über und über von Licht und war mit nichts zu vergleichen. „Wer bist du?" fragte ihn Memnon. – „Dein guter Genius", war die Antwort. – „So gib mir mein Auge, meine Ge=sundheit, mein Vermögen und meine Weisheit wieder." Und er erzählte, wie er das alles an einem einzigen Tage verloren hatte. „Das sind alles Aben=teuer, die uns in der Welt, in der wir leben, nicht begegnen. Denn wir werden nie von Frauen hin=tergangen, wir haben keine. Wir erliegen nicht den Prassereien der Tafel, wir essen nicht. Man kann uns nicht das Auge ausstechen, wir haben keinen Körper wie ihr. Die Satrapen behandeln uns nicht mit Ungerechtigkeit, auf unserem kleinen Gestirn sind wir alle gleich."

Darauf fragte ihn Memnon: »Herr, ihr kennt keine Frauen und Mahlzeiten, womit verbringt ihr denn eure Zeit?" — „Wir wachen über die anderen Himmelskörper, die uns anvertraut sind. Ich komme, um dich zu trösten." „Dein Geschick wird sich wenden", fuhr das Sternengeschöpf fort. „Freilich wirst du dein Auge nicht wiederbekommen. Doch davon abgesehen, wirst du glücklich werden, wenn du nur nie mehr so wahnwitzig bist, dir vollkommene Weisheit vorzunehmen." — „Die ist wohl unmöglich zu erreichen?" rief Memnon mit einem Seufzer. „Ebenso unmöglich, wie es unmöglich ist, vollkommen geschickt, vollkommen stark, vollkommen mächtig oder vollkommen glücklich zu sein. Wir selbst sogar sind ziemlich weit davon entfernt", antwortete der andere. »So versichern uns also Dichter und Philosophen mit Unrecht, daß alles wohl bestellt sei?" rief Memnon. „Nein, sie haben recht", meinte der Philosoph aus den höheren Regionen, „denn sie ziehen das ganze Weltall in Erwägung."

... Mancher Anblick vermehrte noch die Lust zu disputieren, und tat man das nicht, so wurde die Langeweile so drückend, daß sich die Alte eines Tages nicht mehr enthalten konnte, sich selbst und die anderen der Gesellschaft zu fragen: „Ich möchte nun wirklich wissen, was schlimmer ist, hundertmal von den Negerpiraten vergewaltigt zu werden, bei den Bulgaren Spießruten zu laufen, im Autodafé gequält und aufgehängt zu werden, an die Galeerenbank geschmiedet zu sein, alles Ungemach, das über uns ergangen ist, zu dulden, – oder hier still zu sitzen und gar nichts zu tun?" – „Das ist eine große Frage", antwortete Candide.
Dieser Ausspruch war nur der Anlaß zu neuen Überlegungen. Martin fand, der Mensch sei geboren, um entweder in den Krämpfen der Ruhelosigkeit oder in der Apathie der Langeweile zu leben ... „Sie wissen ..." – „Ich weiß auch", sagte da Candide, „daß wir unseren Garten bestellen gehen müssen." – „Sie haben recht", stimmte Pangloss ihm zu, „denn als der Mensch in den Garten Eden kam, so war es ut operaretur eum: auf daß er arbeite. Das beweist, daß der Mensch nicht zur Ruhe geschaffen wurde." „Arbeiten wir also ohne zu grübeln", rief Martin. „Arbeit ist das einzige Mittel, das Leben erträglich zu machen."

BÜCHER REGIEREN DIE WELT

Man kennt das menschliche Herz schlecht, wenn man meint, man könne ihm durch freche Bilder gefallen: im Gegenteil, sie verschließen die Seele den wahren Vergnügungen.

Die Menschen sehen es gerne, wenn man im Allgemeinen ihre Albernheiten aufdeckt, sobald man nur niemanden im Besonderen angreift. Ein jeder wälzt sodann seine eigene Lächerlichkeit auf den Nachbarn. Und jedermann lacht auf Kosten anderer.

Sie fragen mich, was Sie lesen sollen, wie die Kranken fragen, was sie essen sollen. Aber man muß Appetit haben.

Für die ehrbaren Leute gibt es kein Vergnügen ohne Geschmack.

Bücher regieren die Welt, oder zumindest jene Nationen, die eine geschriebene Sprache kennen; die anderen zählen nicht.

Wir genießen den Fleiß der Männer, die für unser und unserer Nachkommen Vergnügen sorgen, ebenso selbstverständlich wie die Werke der Natur. Fast sollte man meinen, wir hätten das Recht, sie als Schuldigkeit zu fordern.

Ich betrachte die Tragödie und die Komödie als Lehrer der Tugend, der Vernunft und des Wohlstands. Corneille, der alte Römer unter den Franzosen, hat eine Schule der Großmut gehalten, Molière hat die Schule des bürgerlichen Lebens gestiftet. Die Genies der Franzosen sind durch sie gebildet worden.

Wißt ihr denn nicht, daß Ihr nur durch Bücher regiert werdet? Das bürgerliche Gesetzbuch, der Militärkodex, das Evangelium sind Bücher, von denen ihr dauernd abhängig seid. Lest, bildet euch! Nur das Lesen festigt die Seele, die Unterhaltung zerstreut, und das Spiel engt sie ein.

Man muß zugeben, daß einige Menschen, weise und würdig genug, um zu regieren, Bücher über die Regierungsformen geschrieben haben, die viel Gutes bringen. Nicht weil sie Minister berichtigt hätten – ein Minister kann sich gar nicht verbessern, denn er hat nur seinen Aufstieg im Auge – oder weil sie die leitenden Herren mit Rat und Unterweisung belehrt hätten – die Beamten des Staats haben nicht die Zeit dazu, sich belehren zu lassen. Aber diese nützlichen Bücher formen die jungen Leute, die für diese Plätze bestimmt sind, sie formen die Prinzen, und die zweite Generation ist unterrichtet.

Wie sich der gesunde Menschenverstand des Herrn Andrées stärkte, seit er sich eine Bibliothek eingerichtet hat! Er verkehrt mit seinen Büchern wie mit Menschen: er wählt aus und läßt sich nicht durch Namen täuschen. Welches Vergnügen, sich für ein paar Taler zu bilden und seine Seele zu weiten, ohne aus dem Haus zu gehen!

Ich beginne anzunehmen, daß man Büchern gegenüber sehr mißtrauisch sein muß. Man muß es mit ihnen halten wie mit den Menschen: die vernünftigen aussuchen, sie prüfen und sich nur von dem, was man erkennt, überzeugen lassen.

Die Worte sind für die Gedanken, was das Gold für die Diamanten ist: nötig, um sie zu fassen. Aber sie bedürfen ihrer wenig.

Der Schöpfer deiner Seele ist es, der dir die Gedanken gibt, aber wie er deinem Herzen die Freiheit gelassen hat, so gibt er deinem Verstand die Ideen, die dein Herz verdient.

Durch Rede und Schrift können wir die Menschen aufgeklärter und besser machen.

Wenn sich jemand über die Literatur beklagen darf, so bin ich es, mir hat sie überall und jederzeit Verfolgung eingetragen. Aber man muß sie trotz dem Mißbrauch, den man mit ihr treibt, lieben, wie man etwa sein Vaterland lieben muß, trotz der Ungerechtigkeit, mit der es einen behandelt, wie man das höchste Wesen lieben muß, trotz Aberglauben und Fanatismus, die seinen Namen so oft schänden . . .

Man erstaunt beim Anblick einer ausgedehnten Bibliothek. Man sagt wohl zu sich selbst: es ist betrüblich, dazu verdammt zu sein, das meiste davon nicht zu wissen. Tröstet euch: es ist wenig dabei verloren. Seht diese vier- bis fünftausend Bände der alten Naturlehre, alles darin ist falsch, bis auf die Zeiten Galiläis. Betrachtet die Geschichte so vieler Völker, ihre ersten Jahrhunderte sind abgeschmackte Fabeln. Nachher kommen die heroischen Zeiten, wie man sie nennt. Die ersten gleichen Tausendundeiner Nacht, worin gar nichts wahr ist, die andern den Ritterbüchern, worin nichts als einige Namen und Anspielungen stimmen. Das sind schon mehr als tausend Jahre, und mehr als eintausend Bücher, worin man ohne Nachteil ungebildet sein kann. Endlich kommen die Beschreibungen der historischen Zeiten, in denen der Grund der Tatsachen wahr ist, der größte Teil der Umstände Lügen. Sind aber unter diesen Lügen nicht einige Wahrheiten? Ja, sowie sich ein wenig Goldstaub in dem Sande, den die Flüsse mit sich fortreißen, findet.

Man wird vielleicht wissen wollen, wie man dieses Gold sammeln könnte. Hier ist das Mittel. Alles, was nicht mit der Naturlehre, alles, was nicht mit der Vernunft, was nicht mit der Art des menschlichen Herzens übereinstimmt, ist nichts als Sand. Das übrige, das von klugen Zeitgenossen bezeugt wird, ist der Goldstaub, den ihr sucht.

Man beklagt sich oft über die gar zu große Menge an Büchern. Das kommt mir vor, als wenn sich Kaufleute beklagten, daß in Paris zuviel Waren vorhanden wären. Mag doch davon kaufen, wer will! Eine ungeheure Büchermenge gleicht einer Stadt, worin achtmal hunderttausend Menschen leben. Man hält doch nicht mit diesem ganzen Chaos Umgang: man sucht sich vielmehr einige zum Verkehr aus und wechselt wohl auch einmal ab. Mit den Büchern macht man es auf dieselbe Art. Man sucht sich aus dem großen Haufen einige Freunde aus.

An einen Autor: Noch nie ist so viel Geist aufgebracht worden, um uns als wilde Tiere zu zeigen. Man bekommt Lust, auf vier Beinen zu gehen, wenn man Ihr Werk liest. Aber da ich seit mehr als sechzig Jahren diese Gewohnheit aufgegeben habe, bin ich unglücklicherweise außerstande, sie wieder aufzunehmen und muß diese natürliche Gangart denen überlassen, die ihrer würdiger sind als Sie und ich.

Ein wirklicher Kritiker müßte ein Künstler sein, der viel Wissen mit Geschmack verbindet und ohne Vorurteil und Mißgunst urteilt. Das ist schwer zu finden.

Die menschlichen Gedanken sind ein wichtiger Teil des Handels geworden. Die holländischen

Buchhändler verdienen daran, daß die Franzosen Verstand gehabt haben, jährlich eine Million. Ich weiß wohl, daß ein mittelmäßiger Roman unter den Büchern ebensoviel bedeutet wie ein Dummkopf, der Einbildungskraft besitzen will. Man lacht über ihn, aber man duldet ihn doch. Von diesem Roman lebt der Verfasser, der Buchhändler, der Buchdrucker, die Papierfabrik, der Buchbinder und schließlich der Weinhändler, dem alle diese Leute ihr Geld hintragen. Das Werkchen belustigt noch dazu ein oder zwei Stunden lang ein paar Weiber, die sowieso in allen Sachen, also auch in Büchern, immer etwas Neues haben wollen. Folglich hat dieser Roman, so mittelmäßig er auch sein mag, zweimal Gewinn gebracht: Vergnügen und Geld.

In Frankreich muß man gefallen, in der übrigen Welt belehren ...

In allen großen Werken der Kunst kommt es wohl darauf an, richtig zu schließen, aber ohne zuviele Vernunftschlüsse. Zu schildern, aber doch nicht mit Absicht zu schildern. Die Gemüter zu bewegen, sie aber doch nicht immer zur Leidenschaft zu reizen.

Nur das sagen, was man sagen muß, und auf eine Art, wie es sein muß, ist ein Verdienst, dünkt mich, dem die Franzosen – wenn Sie mich ausnehmen – näher gekommen sind, als die Schriftsteller anderer Länder.

Eleganz ist das Ergebnis von richtiger Auswahl und Neigung ...

Sie müssen sich den Regeln unseres Theaters unterwerfen, wie wir Ihre englischen Philosophen annehmen müssen. Wir haben ebenso gute Erfahrungen mit dem menschlichen Herzen gemacht wie Sie in der Naturlehre. Die Kunst zu gefallen, scheint die Kunst der Franzosen, und die Kunst zu denken, die Ihre zu sein. Glücklich ist der, welcher sie vereinigt.

Es gibt so vielerlei Arten, seinen Witz zu zeigen, daß ich selbst mehr Witz haben müßte, wenn ich von allen reden wollte. Witz liegt in der Erfindung desjenigen, was an einem Gegenstande nicht sogleich wahrzunehmen und doch wirklich darin enthalten ist. In der Kunst, entweder zwei entfernte Dinge einander näherzubringen oder zwei dem Anschein nach zusammengehörige Dinge zu trennen oder dieselben einander entgegenzustellen, in der Kunst, seine Gedanken nur halb zu sagen und halb erraten zu lassen.

Die schönen Wissenschaften erhalten die Seele, bessern und trösten sie.

Zuviel Witz? Ist denn das ein Fehler? Zu einer Zeit, da jeder witzig sein will? Da man einzig, um seinen Witz zu zeigen, Schriften verfertigt? Da das Publikum auch dem unrichtigsten Gedanken, wenn er nur witzig ist, seinen Beifall gewährt? Ganz unfehlbar, man wird heute in die Hände klatschen und morgen das Stück nicht mehr sehen wollen.

Die Eleganz einer Rede ist noch nicht Beredsamkeit, nur ein Teil, auch nicht allein die Harmonie ... Es ist die Klarheit, die Länge und die Wahl der Worte. Eine elegante Rede ist noch keine gute Rede. Aber wirklich gut kann sie nicht werden, ohne elegant zu sein ...

Seit zweitausend Jahren hat man gegen den Luxus in Vers und Prosa geeifert und hat ihn immer geliebt.

Die Sprache der Knechtschaft ist gewöhnlich schwulstig, sowie die Sprache der Freiheit nachdrücklich und die Sprache der wahren Großmut ungekünstelt ist.

Die Gedanken alter Schriftsteller anführen, die über Dafür und Dawider geschrieben haben, heißt noch nicht denken.

Wir sind nicht nur auf der Welt, um Plato und Leibniz zu lesen, Kurven zu messen und unserem Gedächtnis Tatsachen einzuprägen. Wir sind mit einem Herzen geboren, dem wir Genüge leisten sollen mit Leidenschaften, die wir befriedigen müssen, ohne uns von ihnen beherrschen zu lassen.

QUELLENNACHWEIS

15: gm, vr, h
16: ba, bf, bf, br, dph
17: vr, phg, bf, zm, bd
18: bd, bf, bfl, zi, bd, zm, b, a
19: bfl, ba, bd, n, bd
20: bf, zi, l, ba
21: dph, me, dph, dph, ths, dph
22: dh, gm, dph
23: cu=su, phg, bf, dph
24: dph, dm, he, ap, st
25: dph
27: bd, bf, bf, zi, dph
28: dph, h, ap
30: st, gk, phg, ar, h
31: me, st, p, bj, dph, st
32: vt, ths, wg, dph
33: dph
34: ap, ap
35: bd, bd
36: dph, dph, ap, ba
37: bf, gl, abc, wg, phg, w
38: bd, h, n, h, bf, dph, dph
39: bf, bd, bfl, phb, f, vt
40: wg, dph, wg, wg
41: wg, abc, abc, dph, dph
42: h, ts, ts, phg
43: gm, gkr, phg
44: wg, wg, km, km
45: dph, phg
46: phg, gm
47: wg, phg
48: wg
49: gm, phg, gm
50: f, gm, n
51: gm, gm, gm, wm
52: bf, l, wg
53: gm, l, phb, gm, st
54: wg, bdu, dm, st
55: dph, l, st, dph
56: dp, ce, dph
57: ww
58: wg, dph, wg, phb
59: dph, phf, bd, o, me, dph, dph, gm
60: ths, dph, wg, wg, wg, bbc
61: bf, b, ths, gm
62: p, st, phb, pw, dph
63: bfa, dph, phg
64: phg
66: phg
68: dph
70: dph, pr, pr
71: pr, pr, bf, h, wg
72: dph, pr
73: bf, bfa, p, pg, h
74: dph, dph, dph
75: st, bf, st
76: bf, abc
77: abc, la
78: gm
79: gm, he, wg, gm, mi

80: dph, dph, phg
81: dph
82: bl, bl, wg, wg
83: bl, z, be
84: ath, gm, gm
85: sm, he, wg, dm
87: wg, t, wg, wg, h
88: h, dph, dph, ths, dph
89: wg, dph, dm, vt
90: h, h, z, h
91: ra, bj
92: bf, h
93: dph, dph, dph
94: phg
96: dph, gm, he
97: gm, p, gm, gm, za, gm
98: dph, ap, wg, wg
99: phg, dph, h, wg, wg, wg
100: dph, a, dph, a, de
102: h, p
103: p, p
104: gm, ra, dph, a, h
105: dph, h, b, f, dhp, dph, h
106: h
107: s, h
108: lg, p
109: c, ths, la, pb, he, vw
110: z, bf, bd, et
111: dw, ba, dph
112: dph, z, dph
113: gb
114: gm, ij, j, phb, c, dm, dph
115: c, wg, he, cu=su
116: gm, wg, gl, ths, j, cu=su, wg, gm
117: wg, t, sch, bd, bd, b, dph
118: n, f, f, dph, dph
119: bl
121: ie
123: m
129: c
130: bfa, ler, bd, bfa, zt
131: scho, scho, dm, dph
132: dm, dm, s
133: ri, pr, br, gl
134: scho
135: br, dph, scho
136: ba, vw
137: bfa, dph, bfa, vw
138: br, vw, dph, rj
139: wg, abc, bf

Erklärung der Abkürzungen:

a = Axiome; abc = Dialog zwischen A, B, C; ap = Anmerkungen zu den ,,Gedanken" von M. Pasqual; ar = Anmerkungen zu ,,Der Gesellschaftsvertrag" von J. J. Rousseau; ath = Das Alte Testament; b = Brutus; ba = Briefe an d'Argnental; bbc = Übersetzung eines Briefes von dem Lord B an den Lord Lansbury; bd = Briefe an Madame du Deffaut; bdu = Briefe an Herrn Dupont; be = Briefe über die Engländer; bf = Briefe an Friedrich den Großen; bfa = Zuschrift an Herrn Fatzener; bfl = Briefe an die Marquise de Florion; bfr = Fragment eines Briefes; bj = Gespräch zwischen einem Brahmanen und einem Jesuiten; bl = Brief an Lour, Melon und Dutot; br = Briefe an J. J. Rousseau; bl = Die Blinden als Richter über die Farbe; c = Candide; ce = Vom Ceremoniell; cu=su = Die Unterredungen des Cu=Su; dm = Der Mann mit den 40 Talern; dph = Dictionnaire philosophique; dw = Die Welt, wie sie ist; de = Über den Deismus; em = Erzählung von einem weisen Menschen; et = Die Erziehung der Töchter; f = Von der Fabel; gb = Geschichte eines Brahmanen; gk = Die Geschichte Karls XII.; gkr = Die Geschichte der Kreuzzüge; gl = Gedruckte Lügen; gm = Gott und die Menschen; h = Homilien; he = L'Henriade; ie = Eine indische Erzählung; ij = Der Inder und der Japaner; j = Jennie oder Der Atheist und der Weise; km = Von dem Koran und Mohammed; l = Ein Essay über Ludwig XIV.; la = Letzte Anmerkungen zu den Gedanken von M. Pasqual; lg = Das Lob Gottes; ler = Lucian, Erasmus und Rabelais; m = Memnon; me = Mérope; mi = Micromegas; n = Das Naturkind; o = Ödipus; p = Predigten; pb = Die Prinzessin von Babylon; pg = Peter der Große; pr = Politische Ratschläge für einen zukünftigen Herrscher; phb = Der indische Philosoph und der Bostanschi; phf = Gespräch zwischen einem Philosophen und einem Finanzminister; ra = Rede des Rabbi Akib; ri = Ein religiöses Interview; s = Sottisen; sm = Vom Selbstmord; sch = Ein Schreiben; scho = Schreiben an einen Oberzollaufseher; st = Von der Staatsverwaltung; t = Tancred; ts = Torheiten auf beiden Seiten; ths = Theologische Schriften; vr = Vernünftige Ratschläge zur Verteidigung des Christentums; vt = Von dem, was man tut, und von dem, was man tun könnte; vw = Vom Wito; w = Von der paradoxen Meinung, daß Wissenschaften schaden; wg = Versuch über die Sitten und den Geist der Nationen von Karl dem Großen bis Ludwig XIII.; ww = Widersprüche in dieser Welt; za = Zapatas Anfragen; zi = Zadig; zm = Andere Zeiten, andere Länder; zs = zit. bei Schopenhauer, „Aphorismen zur Lebensweisheit"; zst = bei J. Starobinski, „Erfindung der Freiheit"; zt = zit. bei Tallentyre, „Life of Voltaire".

QUELLENNACHWEIS

Der gewaltige Umfang des Gesamtwerkes von Voltaire – es handelt sich um nicht weniger als neunundneunzig Bände – und die Tatsache, daß darin keine systematische Philosophie dargestellt wird, sondern die Gedanken zumeist aphoristisch pointiert oder in dichterischen Gleichnissen gestaltet sind, fordern zur Zusammenstellung einer Auslese geradezu auf. Seine wichtigsten Erkenntnisse sind in mehreren zehntausend Seiten verstreut, und nur der geduldige Leser, der sich durch das Gesamtwerk hindurcharbeitet, könnte ihnen begegnen. Der vorliegende Auswahlband wurde nach dem Studium sämtlicher Schriften Voltaires gestaltet, und er versucht, die wesentlichsten und geistvollsten Gedanken sowie die bezeichnendsten und schönsten Gleichnisse und Fabeln zu vereinigen. Die Übersetzung war bemüht, das französische Original sprachlich so klar und transparent wie möglich wiederzugeben. Die wichtigste Biographie: Jean Orieux, „Das Leben des Voltaire“, Frankfurt 1968 (1966).

INHALT

Voltaire im Diogenes Verlag

Candide oder Der Optimismus

Aus dem Französischen von Johann Frerking. Mit einem Nachwort von Ingrid Peter und einem Essay von Egon Friedell

»Dies ist die beste aller möglichen Welten« und »Alles ist aufs beste bestellt«, so lauten die Maximen, die dem jungen Helden Candide von seinem Lehrmeister Pangloss mit auf den Weg gegeben werden. Doch angesichts von Ohrfeigen, Krieg, Erdbeben, Kannibalen und anderen Widrigkeiten erwachsen diesem schon bald erste Zweifel an der Wohleingerichtetheit unserer Welt. Voltaires erstmals im Jahre 1759 erschienene Erzählung von einem, der auszog, den Optimismus zu (ver)lernen, beleuchtet mit Witz und Galgenhumor die unterschiedlichsten Blickwinkel auf unser irdisches Dasein – ein geistreiches Lesevergnügen.

»Voltaires *Candide* ist ein Klassiker der Desillusionierung. Nirgendwo sonst ist mit so viel Esprit und guter Laune über das Elend der Welt geschrieben worden.«
Rüdiger Safranski

»Voltaire kämpfte im Verlaufe eines mühseligen Lebens gegen Obskurantismus, Dummheit und Tyrannei. Er haßte mystisches Geschwätz, ungeschlachte Grausamkeit und stupide Heuchelei. *Candide* ist nicht nur eine Widerlegung des Optimismus; das Buch strotzt von jenem boshaften Humor, der uns wie nichts dazu befähigt, uns mit der Mühsal des Lebens abzufinden.« *John Cowper Powys*

»Voltaire ist die Essenz ganz Frankreichs und des ganzen achtzehnten Jahrhunderts.« *Egon Friedell*

Briefe aus England

Herausgegeben, übersetzt und
mit einem Nachwort von Rudolf von Bitter

Briefe über Konfessionen und Politik, Philosophen und Wissenschaftler, u. a. über Francis Bacon, Thomas Locke, Isaac Newton, Blaise Pascal.

»Er besaß die Zärtlichkeit einer Frau und den Zorn eines Helden. Er war ein großer Geist und ein ungeheures Herz.« *Victor Hugo*

»Voltaire wird immer betrachtet werden als der größte Name der Literatur der neueren Zeit und vielleicht aller Jahrhunderte; wie die erstaunenswerteste Schöpfung der Natur.« *Johann Wolfgang Goethe*

»Einer der größten Befreier des Geistes.«
Friedrich Nietzsche

Michel de Montaigne im Diogenes Verlag

Essais

[Versuche]
nebst des Verfassers Leben, nach der Ausgabe von Pierre Coste ins Deutsche übersetzt von Johann Daniel Tietz

3 Bände im Schuber oder in Kassette. Diese Ausgabe bringt alle Essais, eine Biographie Montaignes, Briefe Montaignes, Etienne de la Boéties »Von der freiwilligen Dienstbarkeit«, Kritiken zu den Essais sowie ein ausführliches Personen- und Stichwortregister. Neuausgabe der 1753/54 erschienenen deutschen Erstausgabe

»Ein publizistisches Glanzstück: In einer prachtvoll ausgestatteten, typographisch vorzüglichen dreibändigen Edition legt der Diogenes Verlag Tietz' Übersetzung auf, die selbst Fachleuten kaum gegenwärtig war.«
Rainer Moritz/Rheinischer Merkur, Bonn

»Ein bezauberndes Buch sind die *Essais* dieses Republikaners mit monarchistischen Neigungen, dieses Christen mit heidnischer Gesinnung, dieses Renaissance-Menschen und Humanisten mit dem mittelalterlichen Gottvertrauen, der schon die Aufklärung ankündigt. Ein großes Lese- und Lehrbuch vom richtigen Leben.«
Rolf Michaelis/Die Zeit, Hamburg

»Diese genialen ›Versuche‹ sind frisch wie am ersten Tag.« *Gert Ueding/Die Welt, Berlin*

Denken mit Michel de Montaigne

Eine Auswahl aus den Essais, vorgestellt von André Gide. Aus dem Französischen und mit einem Nachwort von Hanno Helbling

Montaignes Gedanken über Schönheit und Falschheit, die Unbeständigkeit des Menschen und den Haß auf die finstere Tugend, über Erziehung und Ehe, die Furcht vor dem Tod und den Wert des Lebens.

»Ich weiß wohl, daß die Freiheit meiner Schriften einigen wenigen Leuten mißfallen wird, denen die Freiheit ihrer eigenen Gedanken noch mehr mißfallen müßte.« *Michel de Montaigne*

»Nur zwölf Generationen trennen uns von diesem gesunden Einzelexemplar zwischen den Zeiten. Nur? Wenn es um Liebe und Eifersucht, um Schmerzen und Angst, um Selbsterkenntnis und selbst gelegte Fallen im Alltag geht, ist Michel de Montaigne ein Zeitgenosse.« *Mathias Greffrath*

»Montaigne ist eine genußvolle Lektüre für Minuten und – Medizin fürs ganze Leben.«
Regina Schmeißer/Stuttgarter Nachrichten

Mathias Greffrath
Montaigne heute
Leben in Zwischenzeiten

Die *Essais* von Michel de Montaigne ›liest‹ man nicht einfach: Man ›begegnet‹ ihnen. Mathias Greffrath begegnet Montaigne wie einem väterlichen Freund – mit dem man über alles sprechen kann. Unbefangen nimmt er von ihm, was ihm brauchbar erscheint für unseren eigenen Umgang mit der Welt und mit uns selber. So macht er Gebrauch von ebenjener Freiheit, die Montaigne für sich selbst in Anspruch nahm. Montaignes *Essais* erweisen sich auch nach Jahrhunderten noch so frisch wie am ersten Tag. Mathias Greffrath erlaubt sich, dort weiterzudenken, wo Montaigne einen Punkt setzte: Zwischen die Auszüge aus Montaignes *Essais* schiebt er acht eigene Essays, die immer wieder der Frage nachgehen: Wie soll man heute leben? Was sagt uns Michel de Montaigne heute?

»Mathias Greffrath entwirft auf doppelt blitzgescheite Weise ein Montaigne-Panorama: Er orientiert sich an den zwei grundlegenden Übersetzungen aus dem 18. Jahrhundert (J. J. Bode, J. D. Tietz), aus denen er heutiges Deutsch ohne geschraubtes Philologengestelze, aber auch ohne modischen Jargon formt.«
Abendzeitung, München

Über Montaigne

Aufsätze und Zeugnisse von Blaise Pascal, Johann Wolfgang Goethe, Ralph Waldo Emerson, Charles Augustin Sainte-Beuve, Friedrich Nietzsche, André Gide, Heinrich Mann, Hermann Hesse, Egon Friedell, Stefan Zweig, Richard Friedenthal, Elias Canetti, Herbert Lüthy, Mathias Greffrath u. a. Mit Zeittafel und Bibliographie. Herausgegeben von Daniel Keel

»Wer sich über Montaigne orientieren will, kann dies in einem Band mit dem Titel *Über Montaigne* tun, den Daniel Keel herausgegeben hat und der parallel zur Edition der *Essais* erschienen ist. Hier findet der Leser eine Reihe von wichtigen Aufsätzen, die einen guten Zugang zu dem französischen Denker ermöglichen. Einige interessante Texte sind nachgedruckt, wie zum Beispiel der von Max Horkheimer über ›Montaigne und die Funktion der Skepsis‹ von 1938, der die sozialen und historischen Hintergründe skizziert, aus denen der Skeptizismus hervorgeht. Die Zeit der großen äußeren Unsicherheit ist die Zeit, in der eine Lebenskunst erforderlich ist. Stefan Zweig ist auf diesen Aspekt besonders aufmerksam, und der Anlaß ist für ihn derselbe wie für Horkheimer: Mitten im Zweiten Weltkrieg schreibt er seinen Aufsatz über Montaigne – auch er ist hier nachgedruckt – und bekennt, daß er ihm jetzt am ›hilfreichsten‹ scheine, wo die Welt im Aufruhr ist. Eine bessere und liebevollere Einführung kann man nicht finden. Sie stellt den Denker dar, der sich zu seinem Beruf die Kunst des Lebens gewählt hat.«
Wilhelm Schmid / Norddeutscher Rundfunk, Hannover

Wilhelm Weigand

Michel de Montaigne

Eine Biographie

»An deutschsprachiger Literatur zu Michel de Montaigne sei verwiesen auf den *Montaigne* von Wilhelm Weigand, der vor allem als Biographie wertvoll ist.«
Herbert Lüthy

»Es gibt auf der ganzen Welt kaum ein zweites Buch, das so sehr zum Abenteuer der Selbsterkenntnis ermuntert und das Denken über Zeit und Ewigkeit so sehr anregt wie die *Essais* des Michel de Montaigne. Es ist uns hier ein geistiges und moralisches Tonikum ohnegleichen geschenkt worden. Der amerikanische Philosoph Ralph Waldo Emerson nannte diesen großen Sucher und Denker den freimütigsten und ehrlichsten Schriftsteller der Welt. Dieses Urteil aus dem 19. Jahrhundert über einen Mann im Übergang vom 16. zum 17. Jahrhundert hat noch heute ungebrochene Gültigkeit. Dabei hat Montaigne mehr für sich als für andere geschrieben, aber was ihm guttat, tut es uns erst recht. Die Existenz Michel de Montaignes zu durchleuchten ist von vielen versucht worden. In deutscher Sprache kommt kein anderer Versuch der Biographie von Wilhelm Weigand gleich.«
Oberösterreichische Zeitung, Linz

Denken mit Immanuel Kant

Eine Einführung in die Gedankenwelt
des Vaters der modernen Philosophie
von Wolfgang Kraus
Mit einem Essay von
Otto A. Böhmer

Immanuel Kant ist nicht nur der größte Philosoph deutscher Sprache, er ist vielleicht der größte Denker aller Zeiten. Ihn zu lesen, so Schopenhauer, komme einer geistigen Wiedergeburt gleich. Diese Auswahl vereinigt die schönsten und grundlegendsten Gedanken Kants und erschließt auf einfache Weise das umfangreiche, ohne Vorkenntnisse schwer zugängliche Gesamtwerk.

»Kant ist der vorzüglichste der neueren Philosophen, ohne allen Zweifel. Er ist auch derjenige, dessen Lehre sich fortwirkend erwiesen hat und die in der deutschen Kultur am tiefsten eingedrungen ist.«
Johann Wolfgang Goethe

»Jeder, der sich der Literatur, wenn auch bloß der schönen, widmen will, sollte Kants Werke studieren.«
Franz Grillparzer

»Es ist großartig, wie er zeigt, daß das Leben ein Miteinander sein muß und kann.« *Ludwig Marcuse*

»Kant brauchen wir nicht als ein Fremdes zu bewundern. Mit ihm können wir leben. Ihm möchten wir folgen.« *Karl Jaspers*

Klassiker im Diogenes Verlag

● Angelus Silesius

Der cherubinische Wandersmann. Geistreiche Sinn- und Schlußreime. Herausgegeben und mit einem Nachwort von Erich Brock

● Jane Austen

Emma. Roman. Aus dem Englischen von Horst Höckendorf. Mit einem Nachwort von Klaus Udo Szudra
Gefühl und Verstand. Roman. Deutsch von Erika Gröger
Die Abtei von Northanger. Roman. Deutsch, mit einem Nachwort und Anmerkungen von Christiane Agricola
Die Liebe der Anne Elliot oder Überredungskunst. Roman. Deutsch und mit einem Nachwort von Gisela Reichel

● Honoré de Balzac

Zwei Frauen. Roman. Aus dem Französischen von Gabrielle Betz
Die Frau von dreißig Jahren. Roman. Deutsch von Erich Noether. Mit einem Nachwort von Eugen Lerch
Vater Goriot. Roman. Deutsch von Rosa Schapire. Mit einem Nachwort von W. Somerset Maugham
Junggesellenwirtschaft. Roman. Deutsch von Franz Hessel
Verlorene Illusionen. Roman. Deutsch von Otto Flake. Mit einem Nachwort von Hans-Jörg Neuschäfer
Tante Lisbeth. Roman. Deutsch von Paul Zech
Vetter Pons. Roman. Deutsch von Otto Flake
Eine dunkle Geschichte. Roman. Deutsch von Friedrich von Oppeln-Bronikowski und Frieda von Oppeln
Tolldreiste Geschichten. Deutsch und mit einem Nachwort von Herbert Kühn. Mit Bildern von Gustave Doré
Geliebtes Leben. Herausgegeben von Werner Fuchs-Hartmann
Mystische Geschichten. Deutsch von Franz Hessel, Else von Hollander und Emmi Hirschberg. Mit einem Nachwort von Wilhelm Dilthey
Das Mädchen mit den Goldaugen. Erzählung. Deutsch von Victor von Koczian. Mit einem Nachwort von Stefan Zweig
Oberst Chabert. Erzählung. Deutsch von Ernst Weiss
Balzac – Leben und Werk. Zeugnisse und Aufsätze von Victor Hugo bis Georges Simenon. Mit einem Repertorium der wichtigsten Romanfiguren, Chronik und Bibliographie. Herausgegeben von Claudia Schmölders

● Charles Baudelaire

Die Tänzerin Fanfarlo und *Der Spleen von Paris.* Prosadichtungen. Aus dem Französischen von Walther Küchler
Die Blumen des Bösen. Gedichtzyklus. Deutsch von Terese Robinson. Nachwort von Hans H. Henschen

● Ludwig van Beethoven

Briefe. Herausgegeben von Erich Valentin

● Ambrose Bierce

Meistererzählungen. Auswahl und Vorwort von Mary Hottinger. Aus dem Amerikanischen von Joachim Uhlmann. Mit Zeichnungen von Tomi Ungerer (vorm.: *Die Spottdrossel*)

● Giovanni Boccaccio

Meistererzählungen aus dem Decamerone. Aus dem Italienischen von Heinrich Conrad. Ausgewählt von Silvia Sager

● Ulrich Bräker

Der arme Mann im Tockenburg. Lebensgeschichte und Natürliche Ebentheuer des armen Mannes im Tockenburg. Herausgegeben von Samuel Voellmy. Mit einem Vorwort von Hans Mayer

● Charlotte Brontë

Jane Eyre. Eine Autobiographie. Roman. Aus dem Englischen von Bernhard Schindler. Mit einem Essay von Klaus Mann

● Emily Brontë

Sturmhöhe. Aus dem Englischen von Gladys von Sondheimer

● Charles Brockden Brown

Arthur Mervyn oder Die Pest in Philadelphia. Herausgegeben und mit einem Nachwort versehen von Frederik Burwick

● Georg Büchner

Werke und Briefe. Dantons Tod / Lenz / Leonce und Lena / Woyzeck / Über Schädelnerven / Briefe. Herausgegeben und mit einem Vorwort von Franz Josef Görtz. Mit einem Nachwort von Friedrich Dürrenmatt

● Wilhelm Busch

Max und Moritz. Eine Bubengeschichte in sieben Streichen. Mit einem Nachwort von Dr.

Friedrich Bohne. Als Vorlage diente ein ausgesuchter handkolorierter Frühdruck
Gedichte
Die fromme Helene
Tobias Knopp. Trilogie
Hans Huckebein/Fipps der Affe/Plisch und Plum
Eduards Traum / Der Schmetterling

● Anton Čechov

Das dramatische Werk in 8 Bänden. Neu übersetzt, transkribiert und herausgegeben von Peter Urban. Jeder Band bringt den unzensurierten Text mit sämtlichen Varianten und Lesarten, Auszüge aus Čechovs Notizbüchern, Anmerkungen und einen editorischen Bericht
Der Kirschgarten. Komödie in vier Akten
Der Waldschrat. Komödie in vier Akten
Die Möwe. Komödie in vier Akten
Onkel Vanja. Szenen aus dem Landleben in vier Akten
Ivanov. Drama in vier Akten
Drei Schwestern. Drama in vier Akten
Die Vaterlosen (vorm.: *Platonov*). Übersetzt, herausgegeben und mit einem Anhang von Peter Urban
Sämtliche Einakter

Das erzählerische Werk in 10 Bänden. Aus dem Russischen von Gerhard Dick, Wolf Düwel, Ada Knipper, Hertha von Schulz, Michael Pfeiffer und Georg Schwarz. Gesamtredaktion, Anmerkungen und Nachweise von Peter Urban
Ein unbedeutender Mensch. Erzählungen 1883–1885
Gespräch eines Betrunkenen mit einem nüchternen Teufel. Erzählungen 1886
Die Steppe. Erzählungen 1887–1888
Flattergeist. Erzählungen 1888–1892
Rothschilds Geige. Erzählungen 1893–1896
Die Dame mit dem Hündchen
Erzählungen 1897–1903
Eine langweilige Geschichte / Das Duell. Kleine Romane I
Krankenzimmer Nr. 6 / Erzählung eines Unbekannten. Kleine Romane II
Drei Jahre / Mein Leben. Kleine Romane III
Die Insel Sachalin. Reisebericht

Ein unnötiger Sieg. Frühe Novellen und Kleine Romane. Deutsch von Beate Rausch und Peter Urban. Herausgegeben, mit Anmerkungen und einem Nachwort von Peter Urban
Das Drama auf der Jagd. Eine wahre Begebenheit. Roman. Übersetzt von Peter Urban
Meistererzählungen. Ausgewählt von Franz Sutter. Deutsch von Ada Knipper, Herta von Schulz und Gerhard Dick

Gesammelte Humoresken und Satiren in zwei Bänden. Übersetzt und herausgegeben von Peter Urban
Das Leben in Fragen und Ausrufen. Humoresken und Satiren 1880–1884
Aus den Erinnerungen eines Idealisten. Humoresken und Satiren 1885–1892

Frühe Erzählungen in zwei Bänden. Übersetzt und herausgegeben von Peter Urban
Er und sie. Frühe Erzählungen 1880–1885
Ende gut. Frühe Erzählungen 1886–1887

Gesammelte Stücke. Übersetzt und herausgegeben von Peter Urban

Briefe 1877–1904 in 5 Bänden. Übersetzt und herausgegeben von Peter Urban
Čechov-Chronik. Daten zu Leben und Werk. Zusammengestellt von Peter Urban. Der Anhang bringt ein Nachwort, das Inhaltsverzeichnis der ersten russischen Gesamtausgabe und eine Bibliographie aller deutschen Übersetzungen
Anton Čechov – Sein Leben in Bildern. Herausgegeben von Peter Urban. Mit 739 Abbildungen, einem Anhang mit Daten zu Leben und Werk und einem Personenregister
Freiheit von Gewalt und Lüge. Gedanken über Aufklärung, Fortschritt, Kunst, Liebe, Müßiggang und Politik. Zusammengestellt von Peter Urban. Mit fünf Porträts und einer Selbstkarikatur von Doktor Čechov
Wie soll man leben? Anton Čechov liest Marc Aurel. Herausgegeben, deutsch und mit einem Vorwort von Peter Urban
Das Čechov Lesebuch. Herausgegeben, kommentiert und mit einem Vorwort von Peter Urban

● Miguel de Cervantes Saavedra

Leben und Taten des scharfsinnigen Edlen Don Quixote von la Mancha. Roman. Aus dem Spanischen von Ludwig Tieck. Mit einem Essay von Heinrich Heine und Illustrationen von Gustave Doré

● Choderlos de Laclos

Gefährliche Liebschaften. Roman. Aus dem Französischen von Franz Blei. Mit einem Nachwort von Renate Briesemeister

● Joseph Conrad

Lord Jim. Roman. Aus dem Englischen von Fritz Lorch. Nachwort von Otto A. Böhmer
Der Geheimagent. Eine einfache Geschichte. Deutsch von Günter Danehl
Herz der Finsternis. Erzählung. Deutsch und mit einem Nachwort von Urs Widmer

● James Fenimore Cooper

Der letzte Mohikaner. Ein Bericht über das Jahr 1757. Aus dem Amerikanischen von L. Tafel

● Dante Alighieri

Die göttliche Komödie. Aus dem Italienischen von Philaletes (König Johann von Sachsen). Mit einer kleinen Abhandlung zum Lobe Dantes von Giovanni Boccaccio

● Daniel Defoe

Robinson Crusoe. Seine ersten Seefahrten, sein Schiffbruch und sein siebenundzwanzigjähriger Aufenthalt auf einer unbewohnten Insel. Mit einem Nachwort von Ulrich Greiner

● Charles Dickens

Ausgewählte Romane und Geschichten. In der deutschen Übertragung von Gustav Meyrink

David Copperfield. Roman. Mit einem Essay von W. Somerset Maugham

Oliver Twist. Roman

Bleakhaus. Roman. Mit einem Nachwort von Hans Hennecke

Die Pickwickier. Roman. Mit einem Nachwort von Walter Kluge

Martin Chuzzlewit. Roman. Mit einem Nachwort von Jérôme von Gebsattel

● John Donne

Alchimie der Liebe. Gedichte, zweisprachig. Ausgewählt, aus dem Englischen sowie mit einem Nachwort und Anmerkungen versehen von Werner von Koppenfels

● Fjodor Dostojewskij

Meistererzählungen. Herausgegeben, aus dem Russischen und mit einem Nachwort von Johannes von Guenther

● Joseph von Eichendorff

Aus dem Leben eines Taugenichts. Novelle. Mit einem Nachwort von Hermann Hesse

Das Marmorbild und andere Erzählungen. Mit einem Nachwort von Otto A. Böhmer (vorm.: *Meistererzählungen*)

● Ralph Waldo Emerson

Natur. Aus dem Amerikanischen von Harald Kiczka. Mit dem Nachruf auf Emerson von Herman Grimm

Essays. Erste Reihe. Herausgegeben, deutsch und mit einem ausführlichen Anhang von Harald Kiczka

Von der Schönheit des Guten. Betrachtungen und Beobachtungen. Ausgewählt, übertragen und mit einem Vorwort von Egon Friedell. Nachwort von Wolfgang Lorenz

Repräsentanten der Menschheit. Sieben Essays. Deutsch von Karl Federn. Mit einem Nachwort von Egon Friedell

● Erasmus von Rotterdam

Das Lob der Narrheit. Mit vielen Kupfern nach Illustrationen von Hans Holbein und einem Nachwort von Stefan Zweig

Die Klage des Friedens. Aus dem Lateinischen übersetzt, herausgegeben und mit einem Vorwort von Brigitte Hannemann

Vertrauliche Gespräche. Übersetzt, herausgegeben und mit einem Vorwort versehen von Kurt Steinmann

● Gustave Flaubert

Leidenschaft und Tugend. Erste Erzählungen. Herausgegeben, aus dem Französischen übersetzt und mit einem Nachwort von Traugott König (vorm.: *Jugendwerke*)

Memoiren eines Irren. November, Erinnerungen, Aufzeichnungen und innerste Gedanken. Herausgegeben, übersetzt und mit einem Nachwort von Traugott König (vorm.: *November*)

Briefe. Herausgegeben und übersetzt von Helmut Scheffel

Die Versuchung des heiligen Antonius. Deutsch von Felix Paul Greve. Mit einem Brief von Ernest Renan, einem Essay von Paul Valéry sowie einem Glossar im Anhang

Madame Bovary. Sitten der Provinz. Roman. Deutsch von René Schickele und Irene Riesen. Mit den Rezensionen von Sainte-Beuve, Jules Barbey d'Aurevilly und Charles Baudelaire sowie einem Nachwort von Heinrich Mann

Salammbô. Roman. Deutsch von Friedrich von Oppeln-Bronikowski. Mit Rezensionen von Gautier, Berlioz und George Sand, den Verteidigungsbriefen Flauberts an Sainte-Beuve und Froehner sowie zwei Karten und einem Glossar im Anhang

Drei Geschichten. Ein schlichtes Herz/Die Legende von Sankt Julian dem Gastfreien/Herodias. Deutsch von E.W. Fischer. Mit Äußerungen von Théodore de Banville, Maxim Gorki, Marcel Schwob und Anatole France im Anhang

Bouvard und Pécuchet. Roman. Deutsch von Erich Marx. Mit Essays von Raymond Queneau, Lionel Trilling und Jorge Luis Borges sowie einem Glossar im Anhang

Reisetagebuch aus Ägypten. Deutsch von E.W. Fischer. Mit einem Nachwort von Wolfgang Koeppen
Die Erziehung des Herzens. Geschichte eines jungen Mannes. Deutsch von E.A. Rheinhardt. Mit den Rezensionen von Jules Barbey d'Aurevilly, George Sand und Émile Zola sowie einem Glossar im Anhang

• Theodor Fontane

Frau Jenny Treibel. Roman. Mit einem Nachwort von Kurt Tucholsky
Schach von Wuthenow. Erzählung. Mit einem Nachwort von Marcel Reich-Ranicki
L'Adultera. Roman. Mit einem Nachwort von Werner Weber
Stine. Roman. Mit einem Nachwort von Thomas Mann
Der Stechlin. Roman. Mit einem Nachwort von Peter Härtling
Effi Briest. Roman. Mit einem Nachwort von Max Rychner

• Johann Wolfgang Goethe

Faust. Der Tragödie erster und zweiter Teil. Herausgegeben von Ernst Merian-Genast. Mit einem Nachwort von Thomas Mann
Die Leiden des jungen Werther. Roman. Mit einem Kommentar des Autors aus dem Jahre 1814
Die Wahlverwandtschaften. Roman. Mit einem Nachwort von Reinhard Baumgart
Die schönsten Gedichte. Ausgewählt von Franz Sutter
Denken mit Johann Wolfgang Goethe. Herausgegeben und mit einem Vorwort von Ernst Freiherr von Feuchtersleben. Mit einer Schlußbemerkung von Hans Tabarelli (vorm.: *Gedanken und Aussprüche*)
Johann Wolfgang Goethe. Sein Leben erzählt von Otto A. Böhmer

• Nikolai Gogol

Meistererzählungen. Auswahl, Vorwort und Übersetzung aus dem Russischen von Sigismund von Radecki (vorm.: *Die Nase*)
Die toten Seelen. Roman. Deutsch von Philipp Löbenstein. Mit einem Nachwort von Horst Bienek

• Jeremias Gotthelf

Uli der Knecht. Eine Gabe für Dienstboten und Meisterleute. Roman
Uli der Pächter. Roman
Anne Bäbi Jowäger. Roman
Geld und Geist. Roman. Mit einer Einleitung von Walter Muschg
Die schwarze Spinne / Elsi, die seltsame Magd / Kurt von Koppigen. Ausgewählte Erzählungen II
Meistererzählungen. Mit einem Anhang ›Gottfried Keller über Jeremias Gotthelf‹

• Heinrich Heine

Gedichte. Ausgewählt und eingeleitet von Ludwig Marcuse
Reisebilder. Mit einem Nachwort von Hiltrud Häntzschel

Ludwig Marcuse
Heinrich Heine. Melancholiker, Streiter in Marx, Epikureer

• E.T.A. Hoffmann

Meistererzählungen. Herausgegeben von Christian Strich. Mit einem Nachwort von Stefan Zweig

• Homer

Ilias
Odyssee
Beide Bände aus dem Griechischen von Johann Heinrich Voss. Edition von Peter Von der Mühll. Nachwort von Egon Friedell

• Victor Hugo

Der letzte Tag eines Verurteilten. Aus dem Französischen und mit einem Vorwort von W. Scheu
Der Glöckner von Notre-Dame. Roman. Deutsch von Philipp Wanderer. Nachwort von Arthur von Riha
Das Teufelsschiff. Deutsch von Hans Kauders. Mit einem Nachwort von Christian Schäfer

• Henrik Ibsen

Stützen der Gesellschaft. Übersetzt und herausgegeben von Heiner Gimmler

• Immanuel Kant

Deines Lebens Sinn. Eine Einführung in die Gedankenwelt des Vaters der modernen Philosophie von Wolfgang Kraus. Mit einem Essay von Otto A. Böhmer

• Gottfried Keller

Der grüne Heinrich. Roman
Die Leute von Seldwyla. Erzählungen. Erster und zweiter Band
Züricher Novellen
Meistererzählungen. Mit einem Nachwort von Walter Muschg

● Pëtr Kropotkin

Ideale und Wirklichkeit in der russischen Literatur. Aus dem Englischen von B. Ebenstein. Herausgegeben und kommentiert von Peter Urban

● Guy de Maupassant

Das Haus Tellier und andere Erzählungen. Aus dem Französischen von Georg von der Vring

Mamsell Fifi und andere Erzählungen. Ausgewählt, übertragen und mit einem Nachwort von Walter Widmer

Das Glück und andere Erzählungen. Deutsch von Walter Widmer

Meistererzählungen. Ausgewählt, übertragen und mit einem Nachwort von Walter Widmer

● Herman Melville

Moby-Dick. Roman. Aus dem Amerikanischen von Thesi Mutzenbecher und Ernst Schnabel. Mit einem Essay von W. Somerset Maugham

Billy Budd. Novelle. Deutsch von Richard Moering. Mit einem Essay von Albert Camus

● Prosper Mérimée

Meistererzählungen. Mit einem Nachwort von V.S. Pritchett

● Conrad Ferdinand Meyer

Meistererzählungen. Mit einem Nachwort von Albert von Schirnding

● Molière

Die Schule der Frauen / Kritik der ›Schule der Frauen‹ / Die Schule der Ehemänner

Der Menschenfeind / Die erzwungene Heirat / Die gelehrten Frauen

Der Geizige / Der Bürger als Edelmann / Der Herr aus der Provinz

Der eingebildete Kranke / Die Gaunereien des Scappino

● Michel de Montaigne

Essais nebst des Verfassers Leben nach der Ausgabe von Pierre Coste, ins Deutsche übersetzt von Johann Daniel Tietz. Mit Personen- und Sachregister sowie einem Nachwort zu dieser Ausgabe von Winfried Stephan

Über Montaigne. Aufsätze und Zeugnisse von Pascal bis Canetti. Herausgegeben von Daniel Keel. Deutsch von Irene Holicki und Linde Birk. Mit Chronik und Bibliographie

Wilhelm Weigand
Michel de Montaigne. Eine Biographie

Mathias Greffrath
Montaigne heute. Leben in Zwischenzeiten

● Montesquieu

Vom weisen und glücklichen Leben. Herausgegeben von Bernard Grasset. Aus dem Französischen von Erwein Freiherr von Aretin. Mit einem Nachwort von Fritz Schalk

● Thomas Morus

Utopia. Roman. Aus dem Lateinischen von Alfred Hartmann. Mit einem Porträt des Autors von Erasmus von Rotterdam

● Friedrich Nietzsche

Vom Nutzen und Nachteil der Historie für das Leben. Herausgegeben und mit einem Nachwort von Michael Landmann

Brevier. Ausgewählt, herausgegeben und mit einem Vorwort von Wolfgang Kraus

Gedichte. Ausgewählt von Anton Friedrich. Mit einer Rede von Thomas Mann

● Ovid

Metamorphosen. Aus dem Lateinischen von Thassilo von Scheffer

● Plutarch

Von der Heiterkeit der Seele. Moralia. Herausgegeben und aus dem Altgriechischen übertragen von Wilhelm Ax. Mit einer Einführung von Max Pohlenz

● Edgar Allan Poe

Werkausgabe in Einzelbänden, herausgegeben von Theodor Etzel. Aus dem Amerikanischen von Gisela Etzel, Wolf Durian u. a.

Der Untergang des Hauses Usher und andere Geschichten von Schönheit, Liebe und Wiederkunft

Die schwarze Katze und andere Verbrechergeschichten

Die Maske des Roten Todes und andere phantastische Fahrten

Der Teufel im Glockenstuhl und andere Scherz- und Spottgeschichten

Die denkwürdigen Erlebnisse des Arthur Gordon Pym. Roman. Mit einem Nachwort von Jörg Drews

Meistererzählungen. Auswahl und Nachwort von Mary Hottinger

● Alexander Puschkin

Meistererzählungen. Aus dem Russischen von André Villard. Mit einem Fragment ›Über Puschkin‹ von Maxim Gorki

● Ernest Renan

Das Leben Jesu. Vom Verfasser autorisierte Übertragung aus dem Französischen

● Joseph Victor von Scheffel
Ekkehard. Roman. Mit einem Nachwort des Autors

● Friedrich Schiller
Die schönsten Gedichte. Ausgewählt von Christian Strich
Denken mit Friedrich Schiller. Eine Auswahl aus den Briefen und dem Prosawerk. Herausgegeben und mit einem Vorwort von Wolfgang Kraus (vorm.: *Unsterbliche Hoffnung*)
Friedrich Schiller. Sein Leben erzählt von Otto A. Böhmer

● Arthur Schopenhauer
Die Welt als Wille und Vorstellung I und *II* in je zwei Teilbänden
Aphorismen zur Lebensweisheit. Textidentisch mit Band 8 der ›Zürcher Ausgabe‹. Herausgegeben von Arthur Hübscher. Mit einem Nachwort von Egon Friedell

● Olive Schreiner
Geschichte einer afrikanischen Farm. Roman. Aus dem Englischen von Elisabeth Schnack

● Franz Schubert
Briefe. Tagebuchnotizen, Gedichte. Herausgegeben und mit einer Einleitung von Erich Valentin

● Seneca
Mächtiger als das Schicksal. Herausgegeben und aus dem Lateinischen übertragen von Wolfgang Schumacher

● William Shakespeare
Sonette. Englisch und deutsch. Herausgegeben und mit einem Vorwort von Hanno Helbling
Dramatische Werke. Übersetzung von Schlegel / Tieck, Edition von Hans Matter, Illustrationen von J. H. Füßli
Romeo und Julia / Hamlet / Othello
König Lear / Macbeth / Timon von Athen
Julius Cäsar / Antonius und Cleopatra / Coriolanus
Ein Sommernachtstraum / Der Kaufmann von Venedig / Viel Lärm um nichts / Wie es euch gefällt / Die lustigen Weiber von Windsor
Shakespeare's Geschichten. Alle Stücke von William Shakespeare nacherzählt von Walter E. Richartz und Urs Widmer, in zwei Bänden
Shakespeares Königsdramen. Nacherzählt und mit einem Vorwort von Urs Widmer. Mit Zeichnungen von Paul Flora

● Stendhal
Über die Liebe. Essay. Aus dem Französischen von Franz Hessel. Mit Fragmenten, einem Anhang aus dem Nachlaß des Autors und einer Anmerkung von Franz Blei
Rot und Schwarz. Eine Chronik des 19. Jahrhunderts. Deutsch von Rudolf Lewy. Mit einer Anmerkung von Franz Blei und einem Nachwort von Heinrich Mann
Die Kartause von Parma. Roman. Deutsch von Erwin Rieger. Mit einem Nachwort von Franz Blei
Amiele. Romanfragment. Deutsch von Arthur Schurig. Mit Fragmenten und Aufzeichnungen aus dem Nachlaß des Autors sowie einem Nachwort von Stefan Zweig
Meistererzählungen. Mit einem Nachwort von Maurice Bardèche

● Laurence Sterne
Tristram Shandy. Roman. Aus dem Englischen von Rudolf Kassner. Anmerkungen von Walther Martin

● Robert Louis Stevenson
Die Schatzinsel. Roman. Aus dem Englischen von Rose Hilferding
Dr. Jekyll und Mr. Hyde. Erzählung. Deutsch von Marguerite und Curt Thesing
Meistererzählungen. Deutsch von Marguerite und Curt Thesing. Mit einem Nachwort von Lucien Deprijck

● Adalbert Stifter
Meistererzählungen. Mit einem Nachwort von Julius Stöcker

● Jonathan Swift
Gullivers Reisen. Aus dem Englischen von Franz Kottenkamp. Mit einem Vorwort von Hermann Hesse, einer Lebensbeschreibung des Autors von Walter Scott, einem Swift-Lexikon und einem Nachwort von Franz Riederer

● Tausendundeine Nacht
Die schönsten Geschichten. Ausgewählt von Silvia Sager. Aus dem Arabischen von Max Henning und Hans W. Fischer. Mit einem Nachwort von Iring Fetscher

● Henry David Thoreau
Über die Pflicht zum Ungehorsam gegen den Staat – Civil Disobedience. Ein Essay. Zweisprachige Ausgabe. Deutsch von Walter E. Richartz. Mit einem Nachwort von Manfred Allié. Mit Anmerkungen und einer Zeittafel
Walden oder Leben in den Wäldern. Aus dem Amerikanischen von Emma Emmerich und Tatjana Fischer. Mit einem Vorwort von Wal-

ter E. Richartz, Anmerkungen, Sach- und Namenregister sowie einer Zeittafel
Vom Spazieren. Ein Essay. Deutsch von Dirk van Gunsteren

● Leo Tolstoi

Anna Karenina. Roman. Aus dem Russischen von Arthur Luther. Mit einem Nachwort von Egon Friedell
Meistererzählungen. Ausgewählt von Christian Strich. Deutsch von Arthur Luther, Erich Müller und August Scholz
Auferstehung. Roman. Deutsch von Ilse Frapan. Mit einem Nachwort von Stefan Zweig

● Iwan Turgenjew

Meistererzählungen. Herausgegeben, aus dem Russischen und mit einem Nachwort von Johannes von Guenther

● Mark Twain

Tom Sawyers Abenteuer. Roman. Aus dem Amerikanischen von Lore Krüger. Nachwort von Jack D. Zipes
Huckleberry Finns Abenteuer. Roman. Deutsch von Lore Krüger. Mit einem Essay von T.S. Eliot
Bummel durch Europa. Deutsch von Ana Maria Brock
Ein Yankee aus Connecticut an König Artus' Hof. Roman. Deutsch von Lore Krüger
Meistererzählungen. Auswahl von Marie Louise Bischof. Vorwort von N.O. Scarpi

● Jules Verne

Die Hauptwerke, ungekürzt und originalgetreu.
Reise um die Erde in achtzig Tagen. Aus dem Französischen von Erich Fivian
Fünf Wochen im Ballon. Deutsch von Felix Gasbarra
Von der Erde zum Mond. Roman. Deutsch von William Matheson
Reise um den Mond. Roman. Deutsch von Ute Haffmans
Zwanzigtausend Meilen unter Meer. Roman in zwei Bänden. Deutsch von Peter Laneus und Peter G. Hubler
Reise zum Mittelpunkt der Erde. Roman. Deutsch von Hansjürgen Wille und Barbara Klau
Die Erfindung des Verderbens. Roman. Deutsch von Karl Wittlinger
Zwei Jahre Ferien. Roman. Deutsch von Erika Gebühr
Das Karpathenschloß. Roman. Deutsch von Hansjürgen Wille und Barbara Klau

● François Villon

Lieder und Balladen. Das Kleine Testament/Die Balladen/Das Große Testament. Aus dem Französischen und mit einem Nachwort von K.L. Ammer

● Voltaire

Candide oder Die beste Welt. Erzählung. Aus dem Französischen von Johann Frerking
Briefe aus England. Herausgegeben, übersetzt und mit einem Nachwort von Rudolf von Bitter

● Walt Whitman

Grashalme. Nachdichtung von Hans Reisiger. Mit einem Essay von Gustav Landauer

● Oscar Wilde

Der Sozialismus und die Seele des Menschen. Ein Essay. Aus dem Englischen von Gustav Landauer und Hedwig Lachmann
Sämtliche Erzählungen sowie 35 philosophische Leitsätze zum Gebrauch für die Jugend. Herausgegeben und mit einem Nachwort von Gerd Haffmans. Zeichnungen von Aubrey Beardsley
Das Bildnis des Dorian Gray. Roman. Deutsch von W. Fred und Anna von Planta
De profundis. Epistola: in carcere et vinculis sowie Die Ballade vom Zuchthaus zu Reading. Deutsch von Hedda Soellner, Otto Hauser und Markus Jakob. Mit einem Nachwort von Gisela Hesse und einem Essay von Jorge Luis Borges
Extravagante Gedanken. Eine Auswahl. Herausgegeben und mit einem Vorwort von Wolfgang Kraus. Auswahl und Übersetzung von Candida Kraus